T&P BOOKS

I0207995

ARABIC
VOCABULARY

FOR ENGLISH SPEAKERS

ENGLISH ARABIC

The most useful words
To expand your lexicon and sharpen
your language skills

5000 words

Egyptian Arabic vocabulary for English speakers - 5000 words
By Andrey Taranov

T&P Books vocabularies are intended for helping you learn, memorize and review foreign words. The dictionary is divided into themes, covering all major spheres of everyday activities, business, science, culture, etc.

The process of learning words using T&P Books' theme-based dictionaries gives you the following advantages:

- Correctly grouped source information predetermines success at subsequent stages of word memorization
- Availability of words derived from the same root allowing memorization of word units (rather than separate words)
- Small units of words facilitate the process of establishing associative links needed for consolidation of vocabulary
- Level of language knowledge can be estimated by the number of learned words

T&P Books Publishing
www.tpbooks.com

ISBN: 978-1-78716-703-2

This book is also available in E-book formats.
Please visit www.tpbooks.com or the major online bookstores.

EGYPTIAN ARABIC VOCABULARY
for English speakers

T&P Books vocabularies are intended to help you learn, memorize, and review foreign words. The vocabulary contains over 5000 commonly used words arranged thematically.

- Vocabulary contains the most commonly used words
- Recommended as an addition to any language course
- Meets the needs of beginners and advanced learners of foreign languages
- Convenient for daily use, revision sessions, and self-testing activities
- Allows you to assess your vocabulary

Special features of the vocabulary

- Words are organized according to their meaning, not alphabetically
- Words are presented in three columns to facilitate the reviewing and self-testing processes
- Words in groups are divided into small blocks to facilitate the learning process
- The vocabulary offers a convenient and simple transcription of each foreign word

The vocabulary has 155 topics including:

Basic Concepts, Numbers, Colors, Months, Seasons, Units of Measurement, Clothing & Accessories, Food & Nutrition, Restaurant, Family Members, Relatives, Character, Feelings, Emotions, Diseases, City, Town, Sightseeing, Shopping, Money, House, Home, Office, Working in the Office, Import & Export, Marketing, Job Search, Sports, Education, Computer, Internet, Tools, Nature, Countries, Nationalities and more ...

T&P BOOKS' THEME-BASED DICTIONARIES

The Correct System for Memorizing Foreign Words

Acquiring vocabulary is one of the most important elements of learning a foreign language, because words allow us to express our thoughts, ask questions, and provide answers. An inadequate vocabulary can impede communication with a foreigner and make it difficult to understand a book or movie well.

The pace of activity in all spheres of modern life, including the learning of modern languages, has increased. Today, we need to memorize large amounts of information (grammar rules, foreign words, etc.) within a short period. However, this does not need to be difficult. All you need to do is to choose the right training materials, learn a few special techniques, and develop your individual training system.

Having a system is critical to the process of language learning. Many people fail to succeed in this regard; they cannot master a foreign language because they fail to follow a system comprised of selecting materials, organizing lessons, arranging new words to be learned, and so on. The lack of a system causes confusion and eventually, lowers self-confidence.

T&P Books' theme-based dictionaries can be included in the list of elements needed for creating an effective system for learning foreign words. These dictionaries were specially developed for learning purposes and are meant to help students effectively memorize words and expand their vocabulary.

Generally speaking, the process of learning words consists of three main elements:

- Reception (creation or acquisition) of a training material, such as a word list
- Work aimed at memorizing new words
- Work aimed at reviewing the learned words, such as self-testing

All three elements are equally important since they determine the quality of work and the final result. All three processes require certain skills and a well-thought-out approach.

New words are often encountered quite randomly when learning a foreign language and it may be difficult to include them all in a unified list. As a result, these words remain written on scraps of paper, in book margins, textbooks, and so on. In order to systematize such words, we have to create and continually update a "book of new words." A paper notebook, a netbook, or a tablet PC can be used for these purposes.

This "book of new words" will be your personal, unique list of words. However, it will only contain the words that you came across during the learning process. For example, you might have written down the words "Sunday," "Tuesday," and "Friday." However, there are additional words for days of the week, for example, "Saturday," that are missing, and your list of words would be incomplete. Using a theme dictionary, in addition to the "book of new words," is a reasonable solution to this problem.

The theme-based dictionary may serve as the basis for expanding your vocabulary.

It will be your big "book of new words" containing the most frequently used words of a foreign language already included. There are quite a few theme-based dictionaries available, and you should ensure that you make the right choice in order to get the maximum benefit from your purchase.

Therefore, we suggest using theme-based dictionaries from T&P Books Publishing as an aid to learning foreign words. Our books are specially developed for effective use in the sphere of vocabulary systematization, expansion and review.

Theme-based dictionaries are not a magical solution to learning new words. However, they can serve as your main database to aid foreign-language acquisition. Apart from theme dictionaries, you can have copybooks for writing down new words, flash cards, glossaries for various texts, as well as other resources; however, a good theme dictionary will always remain your primary collection of words.

T&P Books' theme-based dictionaries are specialty books that contain the most frequently used words in a language.

The main characteristic of such dictionaries is the division of words into themes. For example, the *City* theme contains the words "street," "crossroads," "square," "fountain," and so on. The *Talking* theme might contain words like "to talk," "to ask," "question," and "answer".

All the words in a theme are divided into smaller units, each comprising 3–5 words. Such an arrangement improves the perception of words and makes the learning process less tiresome. Each unit contains a selection of words with similar meanings or identical roots. This allows you to learn words in small groups and establish other associative links that have a positive effect on memorization.

The words on each page are placed in three columns: a word in your native language, its translation, and its transcription. Such positioning allows for the use of techniques for effective memorization. After closing the translation column, you can flip through and review foreign words, and vice versa. "This is an easy and convenient method of review – one that we recommend you do often."

Our theme-based dictionaries contain transcriptions for all the foreign words. Unfortunately, none of the existing transcriptions are able to convey the exact nuances of foreign pronunciation. That is why we recommend using the transcriptions only as a supplementary learning aid. Correct pronunciation can only be acquired with the help of sound. Therefore our collection includes audio theme-based dictionaries.

The process of learning words using T&P Books' theme-based dictionaries gives you the following advantages:

- You have correctly grouped source information, which predetermines your success at subsequent stages of word memorization
- Availability of words derived from the same root (lazy, lazily, lazybones), allowing you to memorize word units instead of separate words
- Small units of words facilitate the process of establishing associative links needed for consolidation of vocabulary
- You can estimate the number of learned words and hence your level of language knowledge
- The dictionary allows for the creation of an effective and high-quality revision process
- You can revise certain themes several times, modifying the revision methods and techniques
- Audio versions of the dictionaries help you to work out the pronunciation of words and develop your skills of auditory word perception

The T&P Books' theme-based dictionaries are offered in several variants differing in the number of words: 1.500, 3.000, 5.000, 7.000, and 9.000 words. There are also dictionaries containing 15,000 words for some language combinations. Your choice of dictionary will depend on your knowledge level and goals.

We sincerely believe that our dictionaries will become your trusty assistant in learning foreign languages and will allow you to easily acquire the necessary vocabulary.

TABLE OF CONTENTS

T&P Books' Theme-Based Dictionaries 4
Pronunciation guide 13
Abbreviations 15

BASIC CONCEPTS 16
Basic concepts. Part 1 16

1. Pronouns 16
2. Greetings. Salutations. Farewells 16
3. How to address 17
4. Cardinal numbers. Part 1 17
5. Cardinal numbers. Part 2 18
6. Ordinal numbers 19
7. Numbers. Fractions 19
8. Numbers. Basic operations 19
9. Numbers. Miscellaneous 20
10. The most important verbs. Part 1 20
11. The most important verbs. Part 2 21
12. The most important verbs. Part 3 22
13. The most important verbs. Part 4 23
14. Colors 24
15. Questions 25
16. Prepositions 25
17. Function words. Adverbs. Part 1 26
18. Function words. Adverbs. Part 2 28

Basic concepts. Part 2 30

19. Weekdays 30
20. Hours. Day and night 30
21. Months. Seasons 31
22. Units of measurement 33
23. Containers 34

HUMAN BEING 36
Human being. The body 36

24. Head 36
25. Human body 37

Clothing & Accessories 39

26. Outerwear. Coats 39
27. Men's & women's clothing 39
28. Clothing. Underwear 40
29. Headwear 40
30. Footwear 40
31. Personal accessories 41
32. Clothing. Miscellaneous 42
33. Personal care. Cosmetics 42
34. Watches. Clocks 43

Food. Nutricion 45

35. Food 45
36. Drinks 47
37. Vegetables 48
38. Fruits. Nuts 48
39. Bread. Candy 49
40. Cooked dishes 50
41. Spices 51
42. Meals 51
43. Table setting 52
44. Restaurant 52

Family, relatives and friends 54

45. Personal information. Forms 54
46. Family members. Relatives 54

Medicine 56

47. Diseases 56
48. Symptoms. Treatments. Part 1 57
49. Symptoms. Treatments. Part 2 58
50. Symptoms. Treatments. Part 3 59
51. Doctors 60
52. Medicine. Drugs. Accessories 60

HUMAN HABITAT 62
City 62

53. City. Life in the city 62
54. Urban institutions 63
55. Signs 65
56. Urban transportation 66

57. Sightseeing 67
58. Shopping 67
59. Money 68
60. Post. Postal service 69

Dwelling. House. Home 71

61. House. Electricity 71
62. Villa. Mansion 71
63. Apartment 72
64. Furniture. Interior 72
65. Bedding 73
66. Kitchen 73
67. Bathroom 74
68. Household appliances 75

HUMAN ACTIVITIES 77
Job. Business. Part 1 77

69. Office. Working in the office 77
70. Business processes. Part 1 78
71. Business processes. Part 2 79
72. Production. Works 80
73. Contract. Agreement 82
74. Import & Export 82
75. Finances 83
76. Marketing 84
77. Advertising 84
78. Banking 85
79. Telephone. Phone conversation 86
80. Cell phone 86
81. Stationery 87
82. Kinds of business 87

Job. Business. Part 2 90

83. Show. Exhibition 90
84. Science. Research. Scientists 91

Professions and occupations 93

85. Job search. Dismissal 93
86. Business people 93
87. Service professions 95
88. Military professions and ranks 96
89. Officials. Priests 96

90. Agricultural professions 97
91. Art professions 97
92. Various professions 98
93. Occupations. Social status 99

Education 101

94. School 101
95. College. University 102
96. Sciences. Disciplines 103
97. Writing system. Orthography 103
98. Foreign languages 105

Rest. Entertainment. Travel 107

99. Trip. Travel 107
100. Hotel 108

TECHNICAL EQUIPMENT. TRANSPORTATION 109
Technical equipment 109

101. Computer 109
102. Internet. E-mail 110
103. Electricity 111
104. Tools 112

Transportation 115

105. Airplane 115
106. Train 116
107. Ship 117
108. Airport 119

Life events 120

109. Holidays. Event 120
110. Funerals. Burial 121
111. War. Soldiers 122
112. War. Military actions. Part 1 123
113. War. Military actions. Part 2 124
114. Weapons 126
115. Ancient people 127
116. Middle Ages 128
117. Leader. Chief. Authorities 130
118. Breaking the law. Criminals. Part 1 130
119. Breaking the law. Criminals. Part 2 132

120. Police. Law. Part 1 133
121. Police. Law. Part 2 134

NATURE 136
The Earth. Part 1 136

122. Outer space 136
123. The Earth 137
124. Cardinal directions 138
125. Sea. Ocean 138
126. Seas' and Oceans' names 139
127. Mountains 140
128. Mountains names 141
129. Rivers 142
130. Rivers' names 142
131. Forest 143
132. Natural resources 144

The Earth. Part 2 146

133. Weather 146
134. Severe weather. Natural disasters 147

Fauna 148

135. Mammals. Predators 148
136. Wild animals 148
137. Domestic animals 150
138. Birds 151
139. Fish. Marine animals 152
140. Amphibians. Reptiles 153
141. Insects 153

Flora 155

142. Trees 155
143. Shrubs 156
144. Fruits. Berries 156
145. Flowers. Plants 157
146. Cereals, grains 158

COUNTRIES. NATIONALITIES 159

147. Western Europe 159
148. Central and Eastern Europe 159
149. Former USSR countries 160

PRONUNCIATION GUIDE

T&P phonetic alphabet	Egyptian Arabic example	English example
[a]	[ṭaffa] طفّى	shorter than in ask
[ā]	[eχtār] إختار	calf, palm
[e]	[setta] ستّة	elm, medal
[i]	[minā'] ميناء	shorter than in feet
[ī]	[ebrīl] إبريل	feet, meter
[o]	[oɣosṭos] أغسطس	pod, John
[ō]	[ḥalazōn] حلزون	fall, bomb
[u]	[kalkutta] كلكتا	book
[ū]	[gamūs] جاموس	fuel, tuna
[b]	[bedāya] بداية	baby, book
[d]	[sa'āda] سعادة	day, doctor
[ḍ]	[waḍ'] وضع	[d] pharyngeal
[ʒ]	[arʒantīn] الأرجنتين	forge, pleasure
[ẓ]	[ẓahar] ظهر	[z] pharyngeal
[f]	[χafīf] خفيف	face, food
[g]	[bahga] بهجة	game, gold
[h]	[ettegāh] إتّجاه	home, have
[ḥ]	[ḥabb] حبّ	[h] pharyngeal
[y]	[dahaby] ذهبي	yes, New York
[k]	[korsy] كرسي	clock, kiss
[l]	[lammaḥ] لمّح	lace, people
[m]	[marṣad] مرصد	magic, milk
[n]	[ganūb] جنوب	sang, thing
[p]	[kaputʃino] كابتشينو	pencil, private
[q]	[wasaq] وثق	king, club
[r]	[roḥe] روح	rice, radio
[s]	[soχreya] سخرية	city, boss
[ṣ]	[me'ṣam] معصم	[s] pharyngeal
[ʃ]	['aʃā'] عشاء	machine, shark
[t]	[tanūb] تنوب	tourist, trip
[ṭ]	[χarīṭa] خريطة	[t] pharyngeal
[θ]	[mamūθ] ماموث	month, tooth
[v]	[vietnām] فيتنام	very, river
[w]	[wadda'] ودّع	vase, winter
[χ]	[baχīl] بخيل	as in Scots 'loch'
[ɣ]	[etɣadda] إتغدّى	between [g] and [h]

T&P phonetic alphabet	Egyptian Arabic example	English example
[z]	[meʿza] معزة	zebra, please
[ʿ] (ayn)	[sabʿa] سبعة	voiced pharyngeal fricative
[ʾ] (hamza)	[saʾal] سأل	glottal stop

ABBREVIATIONS used in the vocabulary

Egyptian Arabic abbreviations

du	-	plural noun (double)
f	-	feminine noun
m	-	masculine noun
pl	-	plural

English abbreviations

ab.	-	about
adj	-	adjective
adv	-	adverb
anim.	-	animate
as adj	-	attributive noun used as adjective
e.g.	-	for example
etc.	-	et cetera
fam.	-	familiar
fem.	-	feminine
form.	-	formal
inanim.	-	inanimate
masc.	-	masculine
math	-	mathematics
mil.	-	military
n	-	noun
pl	-	plural
pron.	-	pronoun
sb	-	somebody
sing.	-	singular
sth	-	something
v aux	-	auxiliary verb
vi	-	intransitive verb
vi, vt	-	intransitive, transitive verb
vt	-	transitive verb

BASIC CONCEPTS

Basic concepts. Part 1

1. Pronouns

I, me	ana	أنا
you (masc.)	enta	أنت
you (fem.)	enty	أنت
he	howwa	هوّ
she	hiya	هيّ
we	eḥna	إحنا
you (to a group)	antom	أنتم
they	hamm	همّ

2. Greetings. Salutations. Farewells

Hello! (form.)	assalamu ʿalaykum!	السلام عليكم!
Good morning!	ṣabāḥ el χeyr!	صباح الخير!
Good afternoon!	neharak saʿīd!	نهارك سعيد!
Good evening!	masāʾ el χeyr!	مساء الخير!
to say hello	sallem	سلّم
Hi! (hello)	ahlan!	أهلًا!
greeting (n)	salām (m)	سلام
to greet (vt)	sallem ʿala	سلّم على
How are you?	ezzayek?	ازّيك؟
What's new?	aχbārak eyh?	أخبارك ايه؟
Bye-Bye! Goodbye!	maʿ el salāma!	مع السلامة!
See you soon!	aʃūfak orayeb!	أشوفك قريب!
Farewell!	maʿ el salāma!	مع السلامة!
to say goodbye	waddaʿ	ودّع
So long!	bay bay!	باي باي!
Thank you!	ʃokran!	شكراً!
Thank you very much!	ʃokran geddan!	شكراً جداً!
You're welcome	el ʿafw	العفو
Don't mention it!	la ʃokr ʿala wāgeb	لا شكر على واجب
It was nothing	el ʿafw	العفو
Excuse me! (fam.)	ʿan eznak!	عن إذنك!

Excuse me! (form.)	ba'd ezn ḥadretak!	!بعد إذن حضرتك
to excuse (forgive)	'azar	عذر
to apologize (vi)	e'tazar	أعتذر
My apologies	ana 'āsef	أنا آسف
I'm sorry!	ana 'āsef!	!أنا آسف
to forgive (vt)	'afa	عفا
please (adv)	men faḍlak	من فضلك
Don't forget!	ma tensāʃ!	!ما تنساش
Certainly!	ṭab'an!	!طبعاً
Of course not!	la' ṭab'an!	!لأ طبعاً
Okay! (I agree)	ettafa'na!	!إتّفقنا
That's enough!	kefāya!	!كفاية

3. How to address

mister, sir	ya ostāz	يا أستاذ
ma'am	ya madām	يا مدام
miss	ya 'ānesa	يا آنسة
young man	ya ostāz	يا أستاذ
young man (little boy, kid)	yabny	يا ابني
miss (little girl)	ya benty	يا بنتي

4. Cardinal numbers. Part 1

0 zero	ṣefr	صفر
1 one	wāḥed	واحد
1 one (fem.)	waḥda	واحدة
2 two	etneyn	إتنين
3 three	talāta	ثلاثة
4 four	arba'a	أربعة
5 five	χamsa	خمسة
6 six	setta	ستّة
7 seven	sab'a	سبعة
8 eight	tamanya	ثمانية
9 nine	tes'a	تسعة
10 ten	'aʃara	عشرة
11 eleven	ḥedāʃar	حداشر
12 twelve	etnāʃar	إتناشر
13 thirteen	talattāʃar	تلاتّاشر
14 fourteen	arba'tāʃer	أربعتاشر
15 fifteen	χamastāʃer	خمستاشر
16 sixteen	settāʃar	ستّاشر
17 seventeen	saba'tāʃar	سبعتاشر

18 eighteen	tamantāʃar	تمنتاشر
19 nineteen	tesʿatāʃar	تسعتاشر
20 twenty	ʿeʃrīn	عشرين
21 twenty-one	wāḥed we ʿeʃrīn	واحد وعشرين
22 twenty-two	etneyn we ʿeʃrīn	إتنين وعشرين
23 twenty-three	talāta we ʿeʃrīn	ثلاثة وعشرين
30 thirty	talatīn	ثلاثين
31 thirty-one	wāḥed we talatīn	واحد وتلاتين
32 thirty-two	etneyn we talatīn	إتنين وتلاتين
33 thirty-three	talāta we talatīn	ثلاثة وثلاثين
40 forty	arbeʿīn	أربعين
41 forty-one	wāḥed we arbeʿīn	واحد وأربعين
42 forty-two	etneyn we arbeʿīn	إتنين وأربعين
43 forty-three	talāta we arbeʿīn	ثلاثة وأربعين
50 fifty	χamsīn	خمسين
51 fifty-one	wāḥed we χamsīn	واحد وخمسين
52 fifty-two	etneyn we χamsīn	إتنين وخمسين
53 fifty-three	talāta we χamsīn	ثلاثة وخمسين
60 sixty	settīn	ستّين
61 sixty-one	wāḥed we settīn	واحد وستّين
62 sixty-two	etneyn we settīn	إتنين وستّين
63 sixty-three	talāta we settīn	ثلاثة وستّين
70 seventy	sabʿīn	سبعين
71 seventy-one	wāḥed we sabʿīn	واحد وسبعين
72 seventy-two	etneyn we sabʿīn	إتنين وسبعين
73 seventy-three	talāta we sabʿīn	ثلاثة وسبعين
80 eighty	tamanīn	ثمانين
81 eighty-one	wāḥed we tamanīn	واحد وتمانين
82 eighty-two	etneyn we tamanīn	إتنين وتمانين
83 eighty-three	talāta we tamanīn	ثلاثة وثمانين
90 ninety	tesʿīn	تسعين
91 ninety-one	wāḥed we tesʿīn	واحد وتسعين
92 ninety-two	etneyn we tesʿīn	إتنين وتسعين
93 ninety-three	talāta we tesʿīn	ثلاثة وتسعين

5. Cardinal numbers. Part 2

100 one hundred	miya	ميّة
200 two hundred	meteyn	ميتين
300 three hundred	toltomiya	تلتميّة
400 four hundred	robʿomiya	ربعميّة
500 five hundred	χomsomiya	خمسميّة

600 six hundred	sotomiya	ستميّة
700 seven hundred	sobʿomiya	سبعميّة
800 eight hundred	tomnome'a	ثمنمئة
900 nine hundred	tosʿomiya	تسعميّة
1000 one thousand	alf	ألف
2000 two thousand	alfeyn	ألفين
3000 three thousand	talat 'ālāf	ثلاث آلاف
10000 ten thousand	ʿaʃaret 'ālāf	عشرة آلاف
one hundred thousand	mīt alf	ميت ألف
million	millyon (m)	مليون
billion	millyār (m)	مليار

6. Ordinal numbers

first (adj)	awwel	أوّل
second (adj)	tāny	ثاني
third (adj)	tālet	ثالث
fourth (adj)	rābeʿ	رابع
fifth (adj)	χāmes	خامس
sixth (adj)	sādes	سادس
seventh (adj)	sābeʿ	سابع
eighth (adj)	tāmen	ثامن
ninth (adj)	tāseʿ	تاسع
tenth (adj)	ʿāʃer	عاشر

7. Numbers. Fractions

fraction	kasr (m)	كسر
one half	noṣṣ	نصّ
one third	telt	ثلث
one quarter	robʿ	ربع
one eighth	tomn	تمن
one tenth	ʿoʃr	عشر
two thirds	teleyn	تلتين
three quarters	talātet arbāʿ	ثلاثة أرباع

8. Numbers. Basic operations

subtraction	ṭarḥ (m)	طرح
to subtract (vi, vt)	ṭaraḥ	طرح
division	'esma (f)	قسمة
to divide (vt)	'asam	قسم
addition	gamʿ (m)	جمع

to add up (vt)	gama'	جمع
to add (vi, vt)	gama'	جمع
multiplication	ḍarb (m)	ضرب
to multiply (vt)	ḍarab	ضرب

9. Numbers. Miscellaneous

digit, figure	raqam (m)	رقم
number	'adad (m)	عدد
numeral	'adady (m)	عددي
minus sign	nā'eṣ (m)	ناقص
plus sign	zā'ed (m)	زائد
formula	mo'adla (f)	معادلة
calculation	ḥesāb (m)	حساب
to count (vi, vt)	'add	عدّ
to count up	ḥasab	حسب
to compare (vt)	qāran	قارن
How much?	kām?	كام؟
sum, total	magmū' (m)	مجموع
result	natīga (f)	نتيجة
remainder	bā'y (m)	باقي
a few (e.g., ~ years ago)	kām	كام
little (I had ~ time)	ʃewaya	شوية
the rest	el bā'y (m)	الباقي
one and a half	wāḥed w noṣṣ (m)	واحد ونصّ
dozen	desta (f)	دستة
in half (adv)	le noṣṣeyn	لنصّين
equally (evenly)	bel tasāwy	بالتساوى
half	noṣṣ (m)	نصّ
time (three ~s)	marra (f)	مرّة

10. The most important verbs. Part 1

to advise (vt)	naṣaḥ	نصح
to agree (say yes)	ettafa'	إتّفق
to answer (vi, vt)	gāwab	جاوب
to apologize (vi)	e'tazar	إعتذر
to arrive (vi)	weṣel	وصل
to ask (~ oneself)	sa'al	سأل
to ask (~ sb to do sth)	ṭalab	طلب
to be (vi)	kān	كان
to be afraid	χāf	خاف
to be hungry	'āyez 'ākol	عايز آكل

to be interested in ...	ehtamm be	إهتمّ بـ
to be needed	maṭlūb	مطلوب
to be surprised	etfāge'	إتفاجئ
to be thirsty	'āyez aʃrab	عايز أشرب
to begin (vt)	bada'	بدأ
to belong to ...	χaṣṣ	خصّ
to boast (vi)	tabāha	تباهى
to break (split into pieces)	kasar	كسر
to call (~ for help)	estaɣās	إستغاث
can (v aux)	'eder	قدر
to catch (vt)	mesek	مسك
to change (vt)	ɣayar	غيّر
to choose (select)	eχtār	إختار
to come down (the stairs)	nezel	نزل
to compare (vt)	qāran	قارن
to complain (vi, vt)	ʃaka	شكا
to confuse (mix up)	etlaχbaṭ	إتلخبط
to continue (vt)	wāṣel	واصل
to control (vt)	et-ḥakkem	إتحكّم
to cook (dinner)	ḥaḍḍar	حضّر
to cost (vt)	kallef	كلّف
to count (add up)	'add	عدّ
to count on ...	e'tamad 'ala ...	إعتمد على...
to create (vt)	'amal	عمل
to cry (weep)	baka	بكى

11. The most important verbs. Part 2

to deceive (vi, vt)	χada'	خدع
to decorate (tree, street)	zayen	زيّن
to defend (a country, etc.)	dāfa'	دافع
to demand (request firmly)	ṭāleb	طالب
to dig (vt)	ḥafar	حفر
to discuss (vt)	nā'eʃ	ناقش
to do (vt)	'amal	عمل
to doubt (have doubts)	ʃakk fe	شكّ في
to drop (let fall)	wa''a'	وقّع
to enter (room, house, etc.)	daχal	دخل
to exist (vi)	kān mawgūd	كان موّجود
to expect (foresee)	tanabba'	تنبّأ
to explain (vt)	ʃaraḥ	شرح
to fall (vi)	we'e'	وقع
to find (vt)	la'a	لقى

to finish (vt)	χallaṣ	خلّص
to fly (vi)	ṭār	طار
to follow ... (come after)	tatabba'	تتبّع
to forget (vi, vt)	nesy	نسي
to forgive (vt)	'afa	عفا
to give (vt)	edda	إدّى
to give a hint	edda lamḥa	إدّى لمحة
to go (on foot)	meʃy	مشى
to go for a swim	sebeḥ	سبح
to go out (for dinner, etc.)	χarag	خرج
to guess (the answer)	χammen	خمّن
to have (vt)	malak	ملك
to have breakfast	feṭer	فطر
to have dinner	et'asʃa	إتعشّى
to have lunch	etɣadda	إتغدّى
to hear (vt)	seme'	سمع
to help (vt)	sā'ed	ساعد
to hide (vt)	χabba	خبّأ
to hope (vi, vt)	tamanna	تمنّى
to hunt (vi, vt)	eṣṭād	اصطاد
to hurry (vi)	esta'gel	إستعجل

12. The most important verbs. Part 3

to inform (vt)	'āl ly	قال لي
to insist (vi, vt)	aṣarr	أصرّ
to insult (vt)	ahān	أهان
to invite (vt)	'azam	عزم
to joke (vi)	hazzar	هزّر
to keep (vt)	ḥafaẓ	حفظ
to keep silent	seket	سكت
to kill (vt)	'atal	قتل
to know (sb)	'eref	عرف
to know (sth)	'eref	عرف
to laugh (vi)	ḍeḥek	ضحك
to liberate (city, etc.)	ḥarrar	حرّر
to like (I like ...)	'agab	عجب
to look for ... (search)	dawwar 'ala	دوّر على
to love (sb)	ḥabb	حبّ
to make a mistake	ɣeleṭ	غلط
to manage, to run	adār	أدار
to mean (signify)	'aṣad	قصد
to mention (talk about)	zakar	ذكر

to miss (school, etc.)	ɣāb	غاب
to notice (see)	lāḥaẓ	لاحظ
to object (vi, vt)	e'taraḍ	إعترض
to observe (see)	rāqab	راقب
to open (vt)	fataḥ	فتح
to order (meal, etc.)	ṭalab	طلب
to order (mil.)	amar	أمر
to own (possess)	malak	ملك
to participate (vi)	ʃārek	شارك
to pay (vi, vt)	dafa'	دفع
to permit (vt)	samaḥ	سمح
to plan (vt)	χaṭṭeṭ	خطّط
to play (children)	le'eb	لعب
to pray (vi, vt)	ṣalla	صلّى
to prefer (vt)	faḍḍal	فضّل
to promise (vt)	wa'ad	وعد
to pronounce (vt)	naṭa'	نطق
to propose (vt)	'araḍ	عرض
to punish (vt)	'āqab	عاقب

13. The most important verbs. Part 4

to read (vi, vt)	'ara	قرأ
to recommend (vt)	naṣaḥ	نصح
to refuse (vi, vt)	rafaḍ	رفض
to regret (be sorry)	nedem	ندم
to rent (sth from sb)	est'gar	إستأجر
to repeat (say again)	karrar	كرّر
to reserve, to book	ḥagaz	حجز
to run (vi)	gery	جري
to save (rescue)	anqaz	أنقذ
to say (~ thank you)	'āl	قال
to scold (vt)	wabbeχ	وبّخ
to see (vt)	ʃāf	شاف
to sell (vt)	bā'	باع
to send (vt)	arsal	أرسل
to shoot (vi)	ḍarab bel nār	ضرب بالنار
to shout (vi)	ṣarraχ	صرّخ
to show (vt)	warra	ورّى
to sign (document)	waqqa'	وقّع
to sit down (vi)	'a'ad	قعد
to smile (vi)	ebtasam	إبتسم
to speak (vi, vt)	kallem	كلّم

to steal (money, etc.)	sara'	سرق
to stop (for pause, etc.)	wa''af	وقّف
to stop (please ~ calling me)	baṭṭal	بطّل
to study (vt)	daras	درس
to swim (vi)	ʿām	عام
to take (vt)	aχad	أخد
to think (vi, vt)	fakkar	فكّر
to threaten (vt)	hadded	هدّد
to touch (with hands)	lamas	لمس
to translate (vt)	targem	ترجم
to trust (vt)	wasaq	وثق
to try (attempt)	ḥāwel	حاول
to turn (e.g., ~ left)	ḥād	حاد
to underestimate (vt)	estaχaff	إستخفّ
to understand (vt)	fehem	فهم
to unite (vt)	waḥḥed	وحّد
to wait (vt)	estanna	إستنّى
to want (wish, desire)	ʿāyez	عايز
to warn (vt)	ḥazzar	حذّر
to work (vi)	eʃtaɣal	إشتغل
to write (vt)	katab	كتب
to write down	katab	كتب

14. Colors

color	lone (m)	لون
shade (tint)	daraget el lōn (m)	درجة اللون
hue	ṣabɣet lōn (f)	صبغة اللون
rainbow	qose qozaḥ (m)	قوس قزح
white (adj)	abyaḍ	أبيض
black (adj)	aswad	أسود
gray (adj)	romādy	رمادي
green (adj)	aχḍar	أخضر
yellow (adj)	aṣfar	أصفر
red (adj)	aḥmar	أحمر
blue (adj)	azra'	أزرق
light blue (adj)	azra' fāteḥ	أزرق فاتح
pink (adj)	wardy	وردي
orange (adj)	bortoqāly	برتقاليّ
violet (adj)	banaffsegy	بنفّسجي
brown (adj)	bonny	بنّي
golden (adj)	dahaby	ذهبي

silvery (adj)	feḍḍy	فضّي
beige (adj)	bɛ:ʒ	بيج
cream (adj)	ʿāgy	عاجّي
turquoise (adj)	fayrūzy	فيروزي
cherry red (adj)	aḥmar karazy	أحمر كرزي
lilac (adj)	laylaky	ليّلكي
crimson (adj)	qormozy	قرمزي
light (adj)	fāteḥ	فاتح
dark (adj)	ɣāmeʾ	غامق
bright, vivid (adj)	zāhy	زاهي
colored (pencils)	melawwen	ملوّن
color (e.g., ~ film)	melawwen	ملوّن
black-and-white (adj)	abyaḍ we aswad	أبيض وأسوّد
plain (one-colored)	sāda	سادة
multicolored (adj)	motaʿadded el alwān	متعددّ الألوان

15. Questions

Who?	mīn?	مين؟
What?	eyh?	ايه؟
Where? (at, in)	feyn?	فين؟
Where (to)?	feyn?	فين؟
From where?	meneyn?	منين؟
When?	emta	امتى؟
Why? (What for?)	ʿaʃān eyh?	عشان ايه؟
Why? (~ are you crying?)	leyh?	ليه؟
What for?	l eyh?	لـ ليه؟
How? (in what way)	ezāy?	إزاي؟
What? (What kind of ...?)	eyh?	ايه؟
Which?	ayī?	أيّ؟
To whom?	le mīn?	لمين؟
About whom?	ʿan mīn?	عن مين؟
About what?	ʿan eyh?	عن ايه؟
With whom?	maʿ mīn?	مع مين؟
How many? How much?	kām?	كام؟
Whose?	betāʿet mīn?	بتاعت مين؟

16. Prepositions

with (accompanied by)	maʿ	مع
without	men ɣeyr	من غير
to (indicating direction)	ela	إلى
about (talking ~ ...)	ʿan	عن

before (in time)	'abl	قبل
in front of ...	'oddām	قدّام
under (beneath, below)	taḥt	تحت
above (over)	fo'e	فوق
on (atop)	'ala	على
from (off, out of)	men	من
of (made from)	men	من
in (e.g., ~ ten minutes)	ba'd	بعد
over (across the top of)	men 'ala	من على

17. Function words. Adverbs. Part 1

Where? (at, in)	feyn?	فين؟
here (adv)	hena	هنا
there (adv)	henāk	هناك
somewhere (to be)	fe makānen ma	في مكان ما
nowhere (not anywhere)	meʃ fi ayī makān	مش في أيّ مكان
by (near, beside)	ganb	جنب
by the window	ganb el ʃebbāk	جنب الشبّاك
Where (to)?	feyn?	فين؟
here (e.g., come ~!)	hena	هنا
there (e.g., to go ~)	henāk	هناك
from here (adv)	men hena	من هنا
from there (adv)	men henāk	من هناك
close (adv)	'arīb	قريب
far (adv)	be'īd	بعيد
near (e.g., ~ Paris)	'and	عند
nearby (adv)	'arīb	قريب
not far (adv)	meʃ be'īd	مش بعيد
left (adj)	el ʃemāl	الشمال
on the left	'alal ʃemāl	على الشمال
to the left	lel ʃemāl	للشمال
right (adj)	el yemīn	اليمين
on the right	'alal yemīn	على اليمين
to the right	lel yemīn	لليمين
in front (adv)	'oddām	قدّام
front (as adj)	amāmy	أمامي
ahead (the kids ran ~)	ela el amām	إلى الأمام
behind (adv)	wara'	وراء
from behind	men wara	من ورّا

back (towards the rear)	le wara	لورا
middle	wasaṭ (m)	وسط
in the middle	fel wasat	في الوسط
at the side	'ala ganb	على جنب
everywhere (adv)	fe kol makān	في كل مكان
around (in all directions)	ḥawaleyn	حوالين
from inside	men gowwah	من جوّه
somewhere (to go)	le 'ayī makān	لأي مكان
straight (directly)	'ala ṭūl	على طول
back (e.g., come ~)	rogū'	رجوع
from anywhere	men ayī makān	من أيّ مكان
from somewhere	men makānen mā	من مكان ما
firstly (adv)	awwalan	أوّلاً
secondly (adv)	sāneyan	ثانياً
thirdly (adv)	sālesan	ثالثاً
suddenly (adv)	fag'a	فجأة
at first (in the beginning)	fel bedāya	في البداية
for the first time	le 'awwel marra	لأوّل مرّة
long before ...	'abl ... be modda ṭawīla	قبل... بمدة طويلة
anew (over again)	men gedīd	من جديد
for good (adv)	lel abad	للأبد
never (adv)	abadan	أبداً
again (adv)	tāny	تاني
now (adv)	delwa'ty	دلوقتي
often (adv)	ketīr	كثير
then (adv)	wa'taha	وقتها
urgently (quickly)	'ala ṭūl	على طول
usually (adv)	'ādatan	عادةً
by the way, ...	'ala fekra ...	على فكرة...
possible (that is ~)	momken	ممكن
probably (adv)	momken	ممكن
maybe (adv)	momken	ممكن
besides ...	bel eḍāfa ela ...	بالإضافة إلى...
that's why ...	'aʃān keda	عشان كده
in spite of ...	bel raɣm men ...	بالرغم من...
thanks to ...	be faḍl ...	بفضل...
what (pron.)	elly	إللي
that (conj.)	ennu	إنّه
something	ḥāga (f)	حاجة
anything (something)	ayī ḥāga (f)	أيّ حاجة
nothing	wala ḥāga	ولا حاجة
who (pron.)	elly	إللي
someone	ḥadd	حدّ

somebody	ḥadd	حدّ
nobody	wala ḥadd	ولا حدّ
nowhere (a voyage to ~)	meʃ le wala makān	مش لـ ولا مكان
nobody's	wala ḥadd	ولا حدّ
somebody's	le ḥadd	لحدّ
so (I'm ~ glad)	geddan	جداً
also (as well)	kamān	كمان
too (as well)	kamān	كمان

18. Function words. Adverbs. Part 2

Why?	leyh?	ليه؟
for some reason	le sabeben ma	لسبب ما
because ...	ʿaʃān ...	... عشان
for some purpose	le hadafen mā	لهدف ما
and	w	و
or	walla	ولّا
but	bass	بسّ
for (e.g., ~ me)	ʿaʃān	عشان
too (~ many people)	ketīr geddan	كتير جدّاً
only (exclusively)	bass	بسّ
exactly (adv)	bel ḍabṭ	بالضبط
about (more or less)	naḥw	نحو
approximately (adv)	naḥw	نحو
approximate (adj)	taqrīby	تقريبي
almost (adv)	taʾrīban	تقريباً
the rest	el bāʾy (m)	الباقي
each (adj)	koll	كلّ
any (no matter which)	ayī	أيّ
many, much (a lot of)	ketīr	كتير
many people	nās ketīr	ناس كتير
all (everyone)	koll el nās	كلّ الناس
in return for ...	fi moqābel ...	... في مقابل
in exchange (adv)	fe moqābel	في مقابل
by hand (made)	bel yad	باليد
hardly (negative opinion)	bel kād	بالكاد
probably (adv)	momken	ممكن
on purpose (intentionally)	bel ʾaṣd	بالقصد
by accident (adv)	bel ṣodfa	بالصدفة
very (adv)	ʾawy	قوّي
for example (adv)	masalan	مثلاً
between	beyn	بين

among	wesṭ	وسط
so much (such a lot)	ketīr	كتير
especially (adv)	χāṣṣa	خاصّة

Basic concepts. Part 2

19. Weekdays

Monday	el etneyn (m)	الإتنين
Tuesday	el talāt (m)	التلات
Wednesday	el arbeʿā' (m)	الأربعاء
Thursday	el χamīs (m)	الخميس
Friday	el gomʿa (m)	الجمعة
Saturday	el sabt (m)	السبت
Sunday	el aḥad (m)	الأحد
today (adv)	el naharda	النهارده
tomorrow (adv)	bokra	بكرة
the day after tomorrow	baʿd bokra (m)	بعد بكرة
yesterday (adv)	embāreḥ	امبارح
the day before yesterday	awwel embāreḥ	أوّل امبارح
day	yome (m)	يوم
working day	yome ʿamal (m)	يوم عمل
public holiday	agāza rasmiya (f)	أجازة رسميّة
day off	yome el agāza (m)	يوم أجازة
weekend	nehāyet el osbūʿ (f)	نهاية الأسبوع
all day long	ṭūl el yome	طول اليوم
the next day (adv)	fel yome elly baʿdīh	في اليوم اللي بعديه
two days ago	men yomeyn	من يومين
the day before	fel yome elly 'ablo	في اليوم اللي قبله
daily (adj)	yawmy	يومي
every day (adv)	yawmiyan	يومياً
week	osbūʿ (m)	أسبوع
last week (adv)	el esbūʿ elly fāt	الأسبوع اللي فات
next week (adv)	el esbūʿ elly gayī	الأسبوع اللي جاي
weekly (adj)	osbūʿy	أسبوعي
every week (adv)	osbūʿiyan	أسبوعياً
twice a week	marreteyn fel osbūʿ	مرّتين في الأسبوع
every Tuesday	koll solasā'	كلّ ثلاثاء

20. Hours. Day and night

morning	ṣobḥ (m)	صبح
in the morning	fel ṣobḥ	في الصبح
noon, midday	ẓohr (m)	ظهر

in the afternoon	baʿd el ḍohr	بعد الظهر
evening	leyl (m)	ليل
in the evening	bel leyl	بالليل
night	leyl (m)	ليل
at night	bel leyl	بالليل
midnight	noṣṣ el leyl (m)	نصّ الليل
second	sanya (f)	ثانية
minute	deʾīʾa (f)	دقيقة
hour	sāʿa (f)	ساعة
half an hour	noṣṣ sāʿa (m)	نصّ ساعة
a quarter-hour	robʿ sāʿa (f)	ربع ساعة
fifteen minutes	χamastāʃer deʾīʾa	خمستاشر دقيقة
24 hours	arbaʿa we ʿeʃrīn sāʿa	أربعة وعشرين ساعة
sunrise	ʃorūʾ el ʃams (m)	شروق الشمس
dawn	fagr (m)	فجر
early morning	ṣobḥ badry (m)	صبح بدري
sunset	ɣorūb el ʃams (m)	غروب الشمس
early in the morning	el ṣobḥ badry	الصبح بدري
this morning	el naharda el ṣobḥ	النهاردة الصبح
tomorrow morning	bokra el ṣobḥ	بكرة الصبح
this afternoon	el naharda baʿd el ḍohr	النهاردة بعد الظهر
in the afternoon	baʿd el ḍohr	بعد الظهر
tomorrow afternoon	bokra baʿd el ḍohr	بكرة بعد الظهر
tonight (this evening)	el naharda bel leyl	النهاردة بالليل
tomorrow night	bokra bel leyl	بكرة بالليل
at 3 o'clock sharp	es sāʿa talāta bel ḍabṭ	الساعة تلاتة بالضبط
about 4 o'clock	es sāʿa arbaʿa taʾrīban	الساعة أربعة تقريبا
by 12 o'clock	ḥatt es sāʿa etnāʃar	حتى الساعة إتناشر
in 20 minutes	fe χelāl ʿeʃrīn deʿeeʿa	في خلال عشرين دقيقة
in an hour	fe χelāl sāʿa	في خلال ساعة
on time (adv)	fe mawʿedo	في موعده
a quarter of ...	ella robʿ	إلّا ربع
within an hour	χelāl sāʿa	خلال ساعة
every 15 minutes	koll robʿ sāʿa	كلّ ربع ساعة
round the clock	leyl nahār	ليل نهار

21. Months. Seasons

January	yanāyer (m)	يناير
February	febrāyer (m)	فبراير
March	māres (m)	مارس
April	ebrīl (m)	إبريل
May	māyo (m)	مايو

June	yonyo (m)	يونيو
July	yolyo (m)	يوليو
August	oɣosṭos (m)	أغسطس
September	sebtamber (m)	سبتمبر
October	oktober (m)	أكتوبر
November	november (m)	نوفمبر
December	desember (m)	ديسمبر
spring	rabeeʿ (m)	ربيع
in spring	fel rabeeʿ	في الربيع
spring (as adj)	rabeeʿy	ربيعي
summer	ṣeyf (m)	صيف
in summer	fel ṣeyf	في الصيف
summer (as adj)	ṣeyfy	صيفي
fall	χarīf (m)	خريف
in fall	fel χarīf	في الخريف
fall (as adj)	χarīfy	خريفي
winter	ʃetāʾ (m)	شتاء
in winter	fel ʃetāʾ	في الشتاء
winter (as adj)	ʃetwy	شتوّي
month	ʃahr (m)	شهر
this month	fel ʃahr da	في الشهر ده
next month	el ʃahr el gayī	الشهر الجايّ
last month	el ʃahr elly fāt	الشهر اللي فات
a month ago	men ʃahr	من شهر
in a month (a month later)	baʿd ʃahr	بعد شهر
in 2 months (2 months later)	baʿd ʃahreyn	بعد شهرين
the whole month	el ʃahr kollo	الشهر كلّه
all month long	ṭawāl el ʃahr	طوال الشهر
monthly (~ magazine)	ʃahry	شهري
monthly (adv)	ʃahry	شهري
every month	koll ʃahr	كلّ شهر
twice a month	marreteyn fel ʃahr	مرّتين في الشهر
year	sana (f)	سنة
this year	el sana di	السنة دي
next year	el sana el gaya	السنة الجايّة
last year	el sana elly fātet	السنة اللي فاتت
a year ago	men sana	من سنة
in a year	baʿd sana	بعد سنة
in two years	baʿd sanateyn	بعد سنتين
the whole year	el sana kollaha	السنة كلّها
all year long	ṭūl el sana	طول السنة
every year	koll sana	كلّ سنة

annual (adj)	sanawy	سنوّي
annually (adv)	koll sana	كلّ سنة
4 times a year	arba‘ marrāt fel sana	أربع مرات في السنة
date (e.g., today's ~)	tarīχ (m)	تاريخ
date (e.g., ~ of birth)	tarīχ (m)	تاريخ
calendar	natīga (f)	نتيجة
half a year	noṣṣ sana	نصّ سنة
six months	settet aʃ-hor (f)	ستّة أشهر
season (summer, etc.)	faṣl (m)	فصل
century	qarn (m)	قرن

22. Units of measurement

weight	wazn (m)	وزن
length	ṭūl (m)	طول
width	‘arḍ (m)	عرض
height	ertefā‘ (m)	إرتفاع
depth	‘omq (m)	عمق
volume	ḥagm (m)	حجم
area	mesāḥa (f)	مساحة
gram	gram (m)	جرام
milligram	milligrām (m)	ملّيغرام
kilogram	kilogrām (m)	كيلوغرام
ton	ṭenn (m)	طنّ
pound	reṭl (m)	رطل
ounce	onṣa (f)	أونصة
meter	metr (m)	متر
millimeter	millimetr (m)	ملّيمتر
centimeter	santimetr (m)	سنتيمتر
kilometer	kilometr (m)	كيلومتر
mile	mīl (m)	ميل
inch	boṣa (f)	بوصة
foot	’adam (m)	قدم
yard	yarda (f)	ياردة
square meter	metr morabba‘ (m)	متر مربّع
hectare	hektār (m)	هكتار
liter	litre (m)	لتر
degree	daraga (f)	درجة
volt	volt (m)	فولت
ampere	ambere (m)	أمبير
horsepower	ḥoṣān (m)	حصان
quantity	kemiya (f)	كميّة
a little bit of …	ʃewayet …	شويّة…

half	noṣṣ (m)	نصّ
dozen	desta (f)	دستة
piece (item)	waḥda (f)	وحدة
size	ḥagm (m)	حجم
scale (map ~)	me'yās (m)	مقياس
minimal (adj)	el adna	الأدنى
the smallest (adj)	el aṣɣar	الأصغر
medium (adj)	motawasseṭ	متوّسط
maximal (adj)	el aqṣa	الأقصى
the largest (adj)	el akbar	الأكبر

23. Containers

canning jar (glass ~)	barṭamān (m)	برطمان
can	kanz (m)	كانز
bucket	gardal (m)	جردل
barrel	barmīl (m)	برميل
wash basin (e.g., plastic ~)	ḥoḍe lel ɣasīl (m)	حوض للغسيل
tank (100L water ~)	χazzān (m)	خزّان
hip flask	zamzamiya (f)	زمزميّة
jerrycan	ʒerken (m)	جركن
tank (e.g., tank car)	χazzān (m)	خزّان
mug	mugg (m)	ماجّ
cup (of coffee, etc.)	fengān (m)	فنجان
saucer	ṭaba' fengān (m)	طبق فنجان
glass (tumbler)	kobbāya (f)	كوبّاية
wine glass	kāsa (f)	كاسة
stock pot (soup pot)	ḥalla (f)	حلّة
bottle (~ of wine)	ezāza (f)	إزازة
neck (of the bottle, etc.)	'onq (m)	عنق
carafe (decanter)	dawra' zogāgy (m)	دوّرق زجاجي
pitcher	ebrī' (m)	إبريق
vessel (container)	we'ā' (m)	وعاء
pot (crock, stoneware ~)	aṣīṣ (m)	أصيص
vase	vāza (f)	فازة
bottle (perfume ~)	ezāza (f)	إزازة
vial, small bottle	ezāza (f)	إزازة
tube (of toothpaste)	anbūba (f)	أنبوبة
sack (bag)	kīs (m)	كيس
bag (paper ~, plastic ~)	kīs (m)	كيس
pack (of cigarettes, etc.)	'elba (f)	علبة
box (e.g., shoebox)	'elba (f)	علبة

crate	ṣandū' (m)	صندوق
basket	salla (f)	سلّة

HUMAN BEING

Human being. The body

24. Head

head	ra'ṡ (m)	رأس
face	weʃ (m)	وش
nose	manaχīr (m)	مناخير
mouth	bo' (m)	بوء
eye	ʿeyn (f)	عين
eyes	ʿoyūn (pl)	عيون
pupil	ḥad'a (f)	حدقة
eyebrow	ḥāgeb (m)	حاجب
eyelash	remʃ (m)	رمش
eyelid	gefn (m)	جفن
tongue	lesān (m)	لسان
tooth	senna (f)	سنّة
lips	ʃafāyef (pl)	شفايف
cheekbones	ʿaḍmet el χadd (f)	عضمة الخدّ
gum	lassa (f)	لثّة
palate	ḥanak (m)	حنك
nostrils	manaχer (pl)	مناخر
chin	da''n (m)	دقن
jaw	fakk (m)	فكّ
cheek	χadd (m)	خدّ
forehead	gabha (f)	جبهة
temple	ṣedɣ (m)	صدغ
ear	wedn (f)	ودن
back of the head	'afa (m)	قفا
neck	ra'aba (f)	رقبة
throat	zore (m)	زور
hair	ʃaʿr (m)	شعر
hairstyle	tasrīḥa (f)	تسريحة
haircut	tasrīḥa (f)	تسريحة
wig	barūka (f)	باروكة
mustache	ʃanab (pl)	شنب
beard	leḥya (f)	لحية
to have (a beard, etc.)	ʿando	عنده

braid	ḍefīra (f)	ضفيرة
sideburns	sawālef (pl)	سوالف
red-haired (adj)	aḥmar el ʃaʿr	أحمر الشعر
gray (hair)	ʃaʿr abyaḍ	شعر أبيض
bald (adj)	aṣlaʿ	أصلع
bald patch	ṣalaʿ (m)	صلع
ponytail	deyl ḥoṣān (m)	ديل حصان
bangs	ʾoṣṣa (f)	قصّة

25. Human body

hand	yad (m)	يد
arm	derāʿ (f)	دراع
finger	ṣobāʿ (m)	صباع
toe	ṣobāʿ el ʾadam (m)	صباع القدم
thumb	ebhām (m)	إبهام
little finger	χonṣor (m)	خنصر
nail	ḍefr (m)	ضفر
fist	qabḍa (f)	قبضة
palm	kaff (f)	كفّ
wrist	meʿṣam (m)	معصم
forearm	sāʿed (m)	ساعد
elbow	kūʿ (m)	كوع
shoulder	ketf (f)	كتف
leg	regl (f)	رجل
foot	qadam (f)	قدم
knee	rokba (f)	ركبة
calf (part of leg)	semmāna (f)	سمّانة
hip	faχd (f)	فخد
heel	kaʿb (m)	كعب
body	gesm (m)	جسم
stomach	baṭn (m)	بطن
chest	ṣedr (m)	صدر
breast	sady (m)	ثدي
flank	ganb (m)	جنب
back	ḍahr (m)	ضهر
lower back	asfal el ḍahr (m)	أسفل الضهر
waist	wesṭ (f)	وسط
navel (belly button)	sorra (f)	سرّة
buttocks	ardāf (pl)	أرداف
bottom	debr (m)	دبر
beauty mark	ʃāma (f)	شامة
birthmark (café au lait spot)	waḥma	وحمة

tattoo	waʃm (m)	وشم
scar	nadba (f)	ندبة

Clothing & Accessories

26. Outerwear. Coats

clothes	malābes (pl)	ملابس
outerwear	malābes fo'aniya (pl)	ملابس فوقانيّة
winter clothing	malābes ʃetwiya (pl)	ملابس شتويّة
coat (overcoat)	balṭo (m)	بالطو
fur coat	balṭo farww (m)	بالطو فروّ
fur jacket	ʒaket farww (m)	جاكيت فروّ
down coat	balṭo maḥʃy rīʃ (m)	بالطو محشي ريش
jacket (e.g., leather ~)	ʒæket (m)	جاكيت
raincoat (trenchcoat, etc.)	ʒæket lel maṭar (m)	جاكيت للمطر
waterproof (adj)	wāqy men el maya	واقي من الميّة

27. Men's & women's clothing

shirt (button shirt)	'amīṣ (m)	قميص
pants	banṭalone (f)	بنطلون
jeans	ʒeans (m)	جينز
suit jacket	ʒæket (f)	جاكت
suit	badla (f)	بدلة
dress (frock)	fostān (m)	فستان
skirt	ʒība (f)	جيبة
blouse	bloza (f)	بلوزة
knitted jacket (cardigan, etc.)	kardigan (m)	كارديجن
jacket (of woman's suit)	ʒæket (m)	جاكيت
T-shirt	ti ʃirt (m)	تي شيرت
shorts (short trousers)	ʃort (m)	شورت
tracksuit	treneng (m)	ترينج
bathrobe	robe el ḥammām (m)	روب حمّام
pajamas	beʒāma (f)	بيجاما
sweater	blover (f)	بلوفر
pullover	blover (m)	بلوفر
vest	vest (m)	فيست
tailcoat	badlet sahra ṭawīla (f)	بدلة سهرة طويلة
tuxedo	badla (f)	بدلة

uniform	zayī muwaḥḥad (m)	زيّ موحّد
workwear	lebs el ʃoɣl (m)	لبس الشغل
overalls	overall (m)	اوفر اول
coat (e.g., doctor's smock)	balṭo (m)	بالطو

28. Clothing. Underwear

underwear	malābes dāχeliya (pl)	ملابس داخلية
boxers, briefs	sirwāl dāχly rigāly (m)	سروال داخلي رجاليّ
panties	sirwāl dāχly nisā'y (m)	سروال داخلي نسائي
undershirt (A-shirt)	fanella (f)	فانلّا
socks	ʃarāb (m)	شراب
nightgown	'amīṣ nome (m)	قميص نوم
bra	setyāna (f)	ستيانة
knee highs (knee-high socks)	ʃarabāt ṭawīla (pl)	شرابات طويلة
pantyhose	klone (m)	كلون
stockings (thigh highs)	gawāreb (pl)	جوارب
bathing suit	mayo (m)	مايّوه

29. Headwear

hat	ṭa'iya (f)	طاقيّة
fedora	borneyṭa (f)	برنيطة
baseball cap	base bāl kāb (m)	بيس بول كاب
flatcap	ṭa'iya mosaṭṭaḥa (f)	طاقيّة مسطحة
beret	bereyh (m)	بيريه
hood	ɣaṭa' (f)	غطاء
panama hat	qobba'et banama (f)	قبّعة بناما
knit cap (knitted hat)	ays kāb (m)	آيس كاب
headscarf	eʃarb (m)	إيشارب
women's hat	borneyṭa (f)	برنيطة
hard hat	χawza (f)	خوذة
garrison cap	kāb (m)	كاب
helmet	χawza (f)	خوذة
derby	qobba'a (f)	قبّعة
top hat	qobba'a rasmiya (f)	قبّعة رسمية

30. Footwear

footwear	gezam (pl)	جزم
shoes (men's shoes)	gazma (f)	جزمة

shoes (women's shoes)	gazma (f)	جزمة
boots (e.g., cowboy ~)	būt (m)	بوت
slippers	ʃebʃeb (m)	شبشب
tennis shoes (e.g., Nike ~)	kotʃy tennis (m)	كوتشي تنس
sneakers (e.g., Converse ~)	kotʃy (m)	كوتشي
sandals	ṣandal (pl)	صندل
cobbler (shoe repairer)	eskāfy (m)	إسكافي
heel	ka'b (m)	كعب
pair (of shoes)	goze (m)	جوز
shoestring	ʃerī't (m)	شريط
to lace (vt)	rabaṭ	ربط
shoehorn	labbāsa el gazma (f)	لبّاسة الجزمة
shoe polish	warnīʃ el gazma (m)	ورنيش الجزمة

31. Personal accessories

gloves	gwanty (m)	جوانتي
mittens	gwanty men ɣeyr aṣābe' (m)	جوانتي من غير أصابع
scarf (muffler)	skarf (m)	سكارف
glasses (eyeglasses)	naḍḍāra (f)	نظّارة
frame (eyeglass ~)	eṭār (m)	إطار
umbrella	ʃamsiya (f)	شمسيّة
walking stick	'aṣāya (f)	عصاية
hairbrush	forʃet ʃa'r (f)	فرشة شعر
fan	marwaḥa (f)	مروّحة
tie (necktie)	karavetta (f)	كرافتة
bow tie	bebyona (m)	بيبيونة
suspenders	ḥammala (f)	حمّالة
handkerchief	mandīl (m)	منديل
comb	meʃṭ (m)	مشط
barrette	dabbūs (m)	دبّوس
hairpin	bensa (m)	بنسة
buckle	bokla (f)	بكلة
belt	ḥezām (m)	حزام
shoulder strap	ḥammalet el ketf (f)	حمّالة الكتف
bag (handbag)	ʃanṭa (f)	شنطة
purse	ʃanṭet yad (f)	شنطة يد
backpack	ʃanṭet ḍahr (f)	شنطة ظهر

32. Clothing. Miscellaneous

fashion	mūḍa (f)	موضة
in vogue (adj)	fel moḍa	في الموضة
fashion designer	moṣammem azyā' (m)	مصمّم أزياء
collar	yā'a (f)	ياقة
pocket	geyb (m)	جيب
pocket (as adj)	geyb	جيب
sleeve	komm (m)	كمّ
hanging loop	'elāqa (f)	علّاقة
fly (on trousers)	lesān (m)	لسان
zipper (fastener)	sosta (f)	سوستة
fastener	maʃbak (m)	مشبك
button	zerr (m)	زرّ
buttonhole	'arwa (f)	عروة
to come off (ab. button)	we'e'	وقع
to sew (vi, vt)	χayaṭ	خيّط
to embroider (vi, vt)	ṭarraz	طرّز
embroidery	taṭrīz (m)	تطريز
sewing needle	ebra (f)	إبرة
thread	χeyṭ (m)	خيط
seam	derz (m)	درز
to get dirty (vi)	ettwassaχ	إتّوسّخ
stain (mark, spot)	bo''a (f)	بقعة
to crease, crumple (vi)	takarmaʃ	تكرمش
to tear, to rip (vt)	'aṭa'	قطع
clothes moth	'etta (f)	عتّة

33. Personal care. Cosmetics

toothpaste	ma'gūn asnān (m)	معجون أسنان
toothbrush	forʃet senān (f)	فرشة أسنان
to brush one's teeth	naḍḍaf el asnān	نظّف الأسنان
razor	mūs (m)	موس
shaving cream	krīm ḥelā'a (m)	كريم حلاقة
to shave (vi)	ḥala'	حلق
soap	ṣabūn (m)	صابون
shampoo	ʃambū (m)	شامبو
scissors	ma'aṣ (m)	مقص
nail file	mabrad (m)	مبرد
nail clippers	mel'aṭ (m)	ملقط
tweezers	mel'aṭ (m)	ملقط

cosmetics	mawād tagmīl (pl)	مواد تجميل
face mask	mask (m)	ماسك
manicure	monekīr (m)	مونيكير
to have a manicure	ʿamal monikīr	عمل مونيكير
pedicure	badikīr (m)	باديكير
make-up bag	ʃanṭet mekyāʒ (f)	شنطة مكياج
face powder	bodret weʃ (f)	بودرة وش
powder compact	ʿelbet bodra (f)	علبة بودرة
blusher	aḥmar χodūd (m)	أحمر خدود
perfume (bottled)	barfān (m)	بارفان
toilet water (lotion)	kolonya (f)	كولونيا
lotion	loʃion (m)	لوشن
cologne	kolonya (f)	كولونيا
eyeshadow	eyeʃadow (m)	ايّ شادو
eyeliner	koḥl (m)	كحل
mascara	maskara (f)	ماسكارا
lipstick	rūʒ (m)	روج
nail polish, enamel	monekīr (m)	مونيكير
hair spray	mosabbet el ʃaʿr (m)	مثبّت الشعر
deodorant	mozīl ʿaraʾ (m)	مزيل عرق
cream	krīm (m)	كريم
face cream	krīm lel weʃ (m)	كريم للوش
hand cream	krīm eyd (m)	كريم أيد
anti-wrinkle cream	krīm moḍād lel tagaʿīd (m)	كريم مضاد للتجاعيد
day cream	krīm en nahār (m)	كريم النهار
night cream	krīm el leyl (m)	كريم الليل
day (as adj)	nahāry	نهاري
night (as adj)	layly	ليّلي
tampon	tambon (m)	تانبون
toilet paper (toilet roll)	waraʾ twalet (m)	ورق تواليت
hair dryer	seʃwār (m)	سشوار

34. Watches. Clocks

watch (wristwatch)	sāʿa (f)	ساعة
dial	wag-h el sāʿa (m)	وجه الساعة
hand (of clock, watch)	ʿaʾrab el sāʿa (m)	عقرب الساعة
metal watch band	ʃerīṭ sāʿa maʿdaniya (m)	شريط ساعة معدنية
watch strap	ʃerīṭ el sāʿa (m)	شريط الساعة
battery	baṭṭariya (f)	بطّاريّة
to be dead (battery)	χelṣet	خلصت
to change a battery	ɣayar el baṭṭariya	غيّر البطّاريّة
to run fast	sabaʾ	سبق

to run slow	ta'akχar	تأخّر
wall clock	sā'et ḥeyṭa (f)	ساعة حيطة
hourglass	sā'a ramliya (f)	ساعة رمليّة
sundial	sā'a ʃamsiya (f)	ساعة شمسيّة
alarm clock	monabbeh (m)	منبّه
watchmaker	sa'āty (m)	ساعاتي
to repair (vt)	ṣallaḥ	صلّح

Food. Nutricion

35. Food

meat	laḥma (f)	لحمة
chicken	ferāχ (m)	فراخ
Rock Cornish hen (poussin)	farrūg (m)	فرّوج
duck	baṭṭa (f)	بطّة
goose	wezza (f)	وزّة
game	ṣeyd (m)	صيد
turkey	dīk rūmy (m)	ديك رومي
pork	laḥm el χanazīr (m)	لحم الخنزير
veal	laḥm el ʿegl (m)	لحم العجل
lamb	laḥm ḍāny (m)	لحم ضاني
beef	laḥm baqary (m)	لحم بقري
rabbit	laḥm arāneb (m)	لحم أرانب
sausage (bologna, pepperoni, etc.)	sogo'' (m)	سجق
vienna sausage (frankfurter)	sogo'' (m)	سجق
bacon	bakon (m)	بيكون
ham	hām(m)	هام
gammon	faχd χanzīr (m)	فخد خنزير
pâté	maʿgūn laḥm (m)	معجون لحم
liver	kebda (f)	كبدة
hamburger (ground beef)	hamburger (m)	هامبورجر
tongue	lesān (m)	لسان
egg	beyḍa (f)	بيضة
eggs	beyḍ (m)	بيض
egg white	bayāḍ el beyḍ (m)	بياض البيض
egg yolk	ṣafār el beyḍ (m)	صفار البيض
fish	samak (m)	سمك
seafood	sīfūd (pl)	سي فود
caviar	kaviar (m)	كافيار
crab	kaboria (m)	كابوريا
shrimp	gammbary (m)	جمبري
oyster	maḥār (m)	محار
spiny lobster	estakoza (m)	استاكوزا
octopus	aχṭabūṭ (m)	أخطبوط

squid	kalmāry (m)	كالماري
sturgeon	samak el ḥafʃ (m)	سمك الحفش
salmon	salamon (m)	سلمون
halibut	samak el halbūt (m)	سمك الهلبوت
cod	samak el qadd (m)	سمك القد
mackerel	makerel (m)	ماكريل
tuna	tuna (f)	تونة
eel	ḥankalīs (m)	حنكليس
trout	salamon mera''aṭ (m)	سلمون مرقّط
sardine	sardīn (m)	سردين
pike	samak el karāky (m)	سمك الكراكي
herring	renga (f)	رنجة
bread	ʿeyʃ (m)	عيش
cheese	gebna (f)	جبنة
sugar	sokkar (m)	سكّر
salt	melḥ (m)	ملح
rice	rozz (m)	رزّ
pasta (macaroni)	makaruna (f)	مكرونة
noodles	nūdles (f)	نودلز
butter	zebda (f)	زبّدة
vegetable oil	zeyt (m)	زيت
sunflower oil	zeyt ʿabbād el ʃams (m)	زيت عبّاد الشمس
margarine	margarīn (m)	مارجرين
olives	zaytūn (m)	زيتون
olive oil	zeyt el zaytūn (m)	زيت الزيتون
milk	laban (m)	لبن
condensed milk	ḥalīb mokassaf (m)	حليب مكثّف
yogurt	zabādy (m)	زبادي
sour cream	kreyma ḥamḍa (f)	كريمة حامضة
cream (of milk)	krīma (f)	كريمة
mayonnaise	mayonnɛ:z (m)	مايونيز
buttercream	krīmet zebda (f)	كريمة زبدة
cereal grains (wheat, etc.)	ḥobūb ʾamḥ (pl)	حبوب قمح
flour	deʾīʾ (m)	دقيق
canned food	moʿallabāt (pl)	معلّبات
cornflakes	korn fleks (m)	كورن فليكس
honey	ʿasal (m)	عسل
jam	mrabba (m)	مربّى
chewing gum	lebān (m)	لبان

36. Drinks

water	meyāh (f)	مياه
drinking water	mayet ʃorb (m)	ميّة شرب
mineral water	maya ma'daniya (f)	ميّة معدنية
still (adj)	rakeda	راكدة
carbonated (adj)	kanz	كانز
sparkling (adj)	kanz	كانز
ice	talg (m)	ثلج
with ice	bel talg	بالتلج
non-alcoholic (adj)	men ɣeyr koḥūl	من غير كحول
soft drink	maʃrūb ɣāzy (m)	مشروب غازي
refreshing drink	ḥāga sa''a (f)	حاجة ساقعة
lemonade	limonāta (f)	ليموناتة
liquors	maʃrūbāt koḥūliya (pl)	مشروبات كحولية
wine	χamra (f)	خمرة
white wine	nebīz abyaḍ (m)	نبيذ أبيض
red wine	nebī aḥmar (m)	نبيذ أحمر
liqueur	liqure (m)	ليكيور
champagne	ʃambania (f)	شمبانيا
vermouth	vermote (m)	فيرموت
whiskey	wiski (m)	ويسكي
vodka	vodka (f)	فودكا
gin	ʒin (m)	جين
cognac	konyāk (m)	كونياك
rum	rum (m)	رم
coffee	'ahwa (f)	قهوة
black coffee	'ahwa sāda (f)	قهوة سادة
coffee with milk	'ahwa bel ḥalīb (f)	قهوة بالحليب
cappuccino	kaputʃino (m)	كابتشينو
instant coffee	neskafe (m)	نيسكافيه
milk	laban (m)	لبن
cocktail	koktayl (m)	كوكتيل
milkshake	milk ʃejk (m)	ميلك شيك
juice	'aṣīr (m)	عصير
tomato juice	'aṣīr ṭamāṭem (m)	عصير طماطم
orange juice	'aṣīr bortoqāl (m)	عصير برتقال
freshly squeezed juice	'aṣīr freʃ (m)	عصير فريش
beer	bīra (f)	بيرة
light beer	bīra χafīfa (f)	بيرة خفيفة
dark beer	bīra ɣam'a (f)	بيرة غامقة
tea	ʃāy (m)	شاي

black tea	ʃāy aḥmar (m)	شاي أحمر
green tea	ʃāy axḍar (m)	شاي أخضر

37. Vegetables

vegetables	xoḍār (pl)	خضار
greens	xoḍrawāt waraqiya (pl)	خضروات ورقية
tomato	ṭamāṭem (f)	طماطم
cucumber	xeyār (m)	خيار
carrot	gazar (m)	جزر
potato	baṭāṭes (f)	بطاطس
onion	baṣal (m)	بصل
garlic	tūm (m)	ثوم
cabbage	koronb (m)	كرنب
cauliflower	'arnabīṭ (m)	قرنبيط
Brussels sprouts	koronb broksel (m)	كرنب بروكسل
broccoli	brokkoli (m)	بركولي
beetroot	bangar (m)	بنجر
eggplant	bātengān (m)	باذنجان
zucchini	kōsa (f)	كوسة
pumpkin	qar' 'asaly (m)	قرع عسلي
turnip	left (m)	لفت
parsley	ba'dūnes (m)	بقدونس
dill	ʃabat (m)	شبت
lettuce	xass (m)	خسّ
celery	karfas (m)	كرفس
asparagus	helione (m)	هليون
spinach	sabānex (m)	سبانخ
pea	besella (f)	بسلّة
beans	fūl (m)	فول
corn (maize)	dora (f)	ذرة
kidney bean	faṣolya (f)	فاصوليا
bell pepper	felfel (m)	فلفل
radish	fegl (m)	فجل
artichoke	xarʃūf (m)	خرشوف

38. Fruits. Nuts

fruit	faxa (f)	فاكهة
apple	toffāḥa (f)	تفّاحة
pear	komettra (f)	كمّثرى
lemon	lymūn (m)	ليمون

orange	bortoqāl (m)	برتقال
strawberry (garden ~)	farawla (f)	فراولة
mandarin	yosfy (m)	يوسفي
plum	bar'ū' (m)	برقوق
peach	χawχa (f)	خوخة
apricot	meʃmeʃ (f)	مشمش
raspberry	tūt el 'alī' el aḥmar (m)	توت العليق الأحمر
pineapple	ananās (m)	أناناس
banana	moze (m)	موز
watermelon	baṭṭīχ (m)	بطّيخ
grape	'enab (m)	عنب
cherry	karaz (m)	كرز
melon	ʃammām (f)	شمّام
grapefruit	grabe frūt (m)	جريب فروت
avocado	avokado (f)	افوكاتو
papaya	babāya (m)	ببايا
mango	manga (m)	مانجة
pomegranate	rommān (m)	رمان
redcurrant	keʃmeʃ aḥmar (m)	كشمش أحمر
blackcurrant	keʃmeʃ aswad (m)	كشمش أسود
gooseberry	'enab el sa'lab (m)	عنب الثعلب
bilberry	'enab al aḥrāg (m)	عنب الأحراج
blackberry	tūt aswad (m)	توت أسود
raisin	zebīb (m)	زبيب
fig	tīn (m)	تين
date	tamr (m)	تمر
peanut	fūl sudāny (m)	فول سوداني
almond	loze (m)	لوز
walnut	'eyn gamal (f)	عين الجمل
hazelnut	bondo' (m)	بندق
coconut	goze el hend (m)	جوز هند
pistachios	fosto' (m)	فستق

39. Bread. Candy

bakers' confectionery (pastry)	ḥalawīāt (pl)	حلويّات
bread	'eyʃ (m)	عيش
cookies	baskawīt (m)	بسكويت
chocolate (n)	ʃokolāta (f)	شكولاتة
chocolate (as adj)	bel ʃokolāṭa	بالشكولاتة
candy (wrapped)	bonbony (m)	بونبوني
cake (e.g., cupcake)	keyka (f)	كيكة

cake (e.g., birthday ~)	torta (f)	تورتة
pie (e.g., apple ~)	feṭīra (f)	فطيرة
filling (for cake, pie)	ḥaʃwa (f)	حشوة
jam (whole fruit jam)	mrabba (m)	مربّى
marmalade	marmalād (f)	مرملاد
waffles	waffles (pl)	وافلز
ice-cream	'ays krīm (m)	آيس كريم
pudding	būding (m)	بودنج

40. Cooked dishes

course, dish	wagba (f)	وجبة
cuisine	maṭbaχ (m)	مطبخ
recipe	waṣfa (f)	وصفة
portion	naṣīb (m)	نصيب
salad	solṭa (f)	سلطة
soup	ʃorba (f)	شوربة
clear soup (broth)	mara'a (m)	مرقة
sandwich (bread)	sandawitʃ (m)	ساندويتش
fried eggs	beyḍ ma'ly (m)	بيض مقلي
hamburger (beefburger)	hamburger (m)	هامبورجر
beefsteak	steak laḥm (m)	ستيك لحم
side dish	ṭaba' gāneby (m)	طبق جانبي
spaghetti	spaɣetti (m)	سباجيتي
mashed potatoes	baṭāṭes mahrūsa (f)	بطاطس مهروسة
pizza	bītza (f)	بيتزا
porridge (oatmeal, etc.)	'aṣīda (f)	عصيدة
omelet	omlette (m)	اومليت
boiled (e.g., ~ beef)	maslū'	مسلوق
smoked (adj)	modakχen	مدخّن
fried (adj)	ma'ly	مقلي
dried (adj)	mogaffaf	مجفّف
frozen (adj)	mogammad	مجمّد
pickled (adj)	meχallel	مخلّل
sweet (sugary)	mesakkar	مسكّر
salty (adj)	māleḥ	مالح
cold (adj)	bāred	بارد
hot (adj)	soχn	سخن
bitter (adj)	morr	مرّ
tasty (adj)	ḥelw	حلو
to cook in boiling water	sala'	سلق
to cook (dinner)	ḥaḍḍar	حضّر

to fry (vt)	'ala	قلي
to heat up (food)	sakχan	سخّن
to salt (vt)	rasʃ malḥ	رشّ ملح
to pepper (vt)	rasʃ felfel	رشّ فلفل
to grate (vt)	baraʃ	برش
peel (n)	'eʃra (f)	قشرة
to peel (vt)	'asʃar	قشّر

41. Spices

salt	melḥ (m)	ملح
salty (adj)	māleḥ	مالح
to salt (vt)	rasʃ malḥ	رشّ ملح
black pepper	felfel aswad (m)	فلفل أسوّد
red pepper (milled ~)	felfel aḥmar (m)	فلفل أحمر
mustard	mosṭarda (m)	مسطردة
horseradish	fegl ḥār (m)	فجل حار
condiment	bahār (m)	بهار
spice	bahār (m)	بهار
sauce	ṣalṣa (f)	صلصة
vinegar	χall (m)	خلّ
anise	yansūn (m)	ينسون
basil	rīḥān (m)	ريحان
cloves	'oronfol (m)	قرنفل
ginger	zangabīl (m)	زنجبيل
coriander	kozbora (f)	كزبرة
cinnamon	'erfa (f)	قرفة
sesame	semsem (m)	سمسم
bay leaf	wara' el ɣār (m)	ورق الغار
paprika	babrika (f)	بابريكا
caraway	karawya (f)	كراوية
saffron	za'farān (m)	زعفران

42. Meals

food	akl (m)	أكل
to eat (vi, vt)	akal	أكل
breakfast	foṭūr (m)	فطور
to have breakfast	feṭer	فطر
lunch	ɣada' (m)	غداء
to have lunch	etɣadda	إتغدّى
dinner	'aʃā' (m)	عشاء

to have dinner	etʿasʃa	إتعشّى
appetite	ʃahiya (f)	شهيّة
Enjoy your meal!	bel hana wel ʃefa!	!بالهنا والشفا
to open (~ a bottle)	fataḥ	فتح
to spill (liquid)	dalaʾ	دلق
to spill out (vi)	dalaʾ	دلق
to boil (vi)	ɣely	غلى
to boil (vt)	ɣely	غلى
boiled (~ water)	maɣly	مغلي
to chill, cool down (vt)	barrad	برّد
to chill (vi)	barrad	برّد
taste, flavor	ṭaʿm (m)	طعم
aftertaste	ṭaʿm ma baʿd el mazāq (m)	طعم ما بعد المذاق
to slim down (lose weight)	χass	خسّ
diet	reʒīm (m)	رجيم
vitamin	vitamīn (m)	فيتامين
calorie	soʿra ḥarāriya (f)	سعرة حراريّة
vegetarian (n)	nabāty (m)	نباتي
vegetarian (adj)	nabāty	نباتي
fats (nutrient)	dohūn (pl)	دهون
proteins	brotenāt (pl)	بروتينات
carbohydrates	naʃawīāt (pl)	نشويّات
slice (of lemon, ham)	ʃarīḥa (f)	شريحة
piece (of cake, pie)	ʾeṭʿa (f)	قطعة
crumb (of bread, cake, etc.)	fattāta (f)	فتاتة

43. Table setting

spoon	maʿlaʾa (f)	معلقة
knife	sekkīna (f)	سكّينة
fork	ʃawka (f)	شوكة
cup (e.g., coffee ~)	fengān (m)	فنجان
plate (dinner ~)	ṭabaʾ (m)	طبق
saucer	ṭabaʾ fengān (m)	طبق فنجان
napkin (on table)	mandīl waraʾ (m)	منديل ورق
toothpick	χallet senān (f)	خلة سنان

44. Restaurant

restaurant	maṭʿam (m)	مطعم
coffee house	ʾahwa (f), kaféih (m)	قهوة ,كافيه

pub, bar	bār (m)	بار
tearoom	ṣalone ʃāy (m)	صالون شاي
waiter	garsone (m)	جرسون
waitress	garsona (f)	جرسونة
bartender	bārman (m)	بارمان
menu	qā'emet el ṭa'ām (f)	قائمة طعام
wine list	qā'emet el χomūr (f)	قائمة خمور
to book a table	ḥagaz sofra	حجز سفرة
course, dish	wagba (f)	وجبة
to order (meal)	ṭalab	طلب
to make an order	ṭalab	طلب
aperitif	ʃarāb (m)	شراب
appetizer	moqabbelāt (pl)	مقبّلات
dessert	ḥalawīāt (pl)	حلويّات
check	ḥesāb (m)	حساب
to pay the check	dafa' el ḥesāb	دفع الحساب
to give change	edda el bā'y	ادّي الباقي
tip	ba'ʃīʃ (m)	بقشيش

Family, relatives and friends

45. Personal information. Forms

name (first name)	esm (m)	اسم
surname (last name)	esm el ʿa'ela (m)	اسم العائلة
date of birth	tarīχ el melād (m)	تاريخ الميلاد
place of birth	makān el melād (m)	مكان الميلاد
nationality	gensiya (f)	جنسيّة
place of residence	maqarr el eqāma (m)	مقرّ الإقامة
country	balad (m)	بلد
profession (occupation)	mehna (f)	مهنة
gender, sex	ginss (m)	جنس
height	ṭūl (m)	طول
weight	wazn (m)	وزن

46. Family members. Relatives

mother	walda (f)	والدة
father	wāled (m)	والد
son	walad (m)	ولد
daughter	bent (f)	بنت
younger daughter	el bent el saɣīra (f)	البنت الصغيرة
younger son	el ebn el saɣīr (m)	الابن الصغير
eldest daughter	el bent el kebīra (f)	البنت الكبيرة
eldest son	el ebn el kabīr (m)	الابن الكبير
brother	aχ (m)	أخ
elder brother	el aχ el kibīr (m)	الأخ الكبير
younger brother	el aχ el ṣoɣeyyir (m)	الأخ الصغير
sister	oχt (f)	أخت
elder sister	el uχt el kibīra (f)	الأخت الكبيرة
younger sister	el uχt el ṣoɣeyyira (f)	الأخت الصغيرة
cousin (masc.)	ibn ʿamm (m), ibn χāl (m)	إبن عمّ، إبن خال
cousin (fem.)	bint ʿamm (f), bint χāl (f)	بنت عم، بنت خال
mom, mommy	mama (f)	ماما
dad, daddy	baba (m)	بابا
parents	waldeyn (du)	والدين
child	ṭefl (m)	طفل
children	aṭfāl (pl)	أطفال

grandmother	gedda (f)	جدّة
grandfather	gadd (m)	جدّ
grandson	ḥafīd (m)	حفيد
granddaughter	ḥafīda (f)	حفيدة
grandchildren	aḥfād (pl)	أحفاد
uncle	ʿamm (m), χāl (m)	عمّ, خال
aunt	ʿamma (f), χāla (f)	عمة, خالة
nephew	ibn el aχ (m), ibn el uχt (m)	إبن الأخ, إبن الأخت
niece	bint el aχ (f), bint el uχt (f)	بنت الأخ, بنت الأخت
mother-in-law (wife's mother)	ḥamah (f)	حماة
father-in-law (husband's father)	ḥama (m)	حما
son-in-law (daughter's husband)	goze el bent (m)	جوز البنت
stepmother	merāt el abb (f)	مرات الأب
stepfather	goze el omm (m)	جوز الأم
infant	ṭefl raḍeeʿ (m)	طفل رضيع
baby (infant)	mawlūd (m)	موّلود
little boy, kid	walad ṣaɣīr (m)	ولد صغير
wife	goza (f)	جوزة
husband	goze (m)	جوز
spouse (husband)	goze (m)	جوز
spouse (wife)	goza (f)	جوزة
married (masc.)	metgawwez	متجوّز
married (fem.)	metgawweza	متجوّزة
single (unmarried)	aʿzab	أعزب
bachelor	aʿzab (m)	أعزب
divorced (masc.)	moṭallaq (m)	مطلّق
widow	armala (f)	أرملة
widower	armal (m)	أرمل
relative	ʾarīb (m)	قريب
close relative	nesīb ʾarīb (m)	نسيب قريب
distant relative	nesīb beʿīd (m)	نسيب بعيد
relatives	aqāreb (pl)	أقارب
orphan (boy or girl)	yatīm (m)	يتيم
guardian (of a minor)	walyī amr (m)	وليّ أمر
to adopt (a boy)	tabanna	تبنّى
to adopt (a girl)	tabanna	تبنّى

Medicine

47. Diseases

sickness	maraḍ (m)	مرض
to be sick	mereḍ	مرض
health	ṣeḥḥa (f)	صحّة
runny nose (coryza)	raʃ-ḥ fel anf (m)	رشح في الأنف
tonsillitis	eltehāb el lawzateyn (m)	إلتهاب اللوزتين
cold (illness)	zokām (m)	زكام
to catch a cold	gālo bard	جاله برد
bronchitis	eltehāb ʃo'aby (m)	إلتهاب شعبيّ
pneumonia	eltehāb ra'awy (m)	إلتهاب رئوي
flu, influenza	influenza (f)	إنفلونزا
nearsighted (adj)	'aṣīr el naẓar	قصير النظر
farsighted (adj)	be'īd el naẓar	بعيد النظر
strabismus (crossed eyes)	ḥawal (m)	حوّل
cross-eyed (adj)	aḥwal	أحوّل
cataract	katarakt (f)	كاتاراكت
glaucoma	glawkoma (f)	جلوكوما
stroke	sakta (f)	سكتة
heart attack	azma 'albiya (f)	أزمة قلبية
myocardial infarction	nawba 'albiya (f)	نوبة قلبية
paralysis	ʃalal (m)	شلل
to paralyze (vt)	ʃall	شلّ
allergy	ḥasasiya (f)	حساسيّة
asthma	rabw (m)	ربو
diabetes	dā' el sokkary (m)	داء السكّري
toothache	alam asnān (m)	ألم الأسنان
caries	naχr el asnān (m)	نخر الأسنان
diarrhea	es-hāl (m)	إسهال
constipation	emsāk (m)	إمساك
stomach upset	eḍṭrāb el me'da (m)	إضطراب المعدة
food poisoning	tasammom (m)	تسمّم
to get food poisoning	etsammem	إتسمّم
arthritis	eltehāb el mafāṣel (m)	إلتهاب المفاصل
rickets	kosāḥ el aṭfāl (m)	كساح الأطفال
rheumatism	rheumatism (m)	روماتزم

atherosclerosis	taṣṣallob el ʃarayīn (m)	تصلّب الشرايين
gastritis	eltehāb el me'da (m)	إلتهاب المعدة
appendicitis	eltehāb el zayda el dūdiya (m)	إلتهاب الزائدة الدودية
cholecystitis	eltehāb el marāra (m)	إلتهاب المرارة
ulcer	qorḥa (f)	قرحة
measles	maraḍ el ḥaṣba (m)	مرض الحصبة
rubella (German measles)	el ḥaṣba el almaniya (f)	الحصبة الألمانية
jaundice	yaraqān (m)	يرقان
hepatitis	eltehāb el kabed el vayrūsy (m)	إلتهاب الكبد الفيروسي
schizophrenia	fuṣām (m)	فصام
rabies (hydrophobia)	dā' el kalb (m)	داء الكلب
neurosis	eḍṭrāb 'aṣaby (m)	إضطراب عصبي
concussion	ertegāg el moχ (m)	إرتجاج المخ
cancer	saraṭān (m)	سرطان
sclerosis	taṣṣallob (m)	تصلّب
multiple sclerosis	taṣṣallob mota'added (m)	تصلّب متعدّد
alcoholism	edmān el χamr (m)	إدمان الخمر
alcoholic (n)	modmen el χamr (m)	مدمن الخمر
syphilis	syfilis el zehry (m)	سفلس الزهري
AIDS	el eydz (m)	الايدز
tumor	waram (m)	ورم
malignant (adj)	χabīs	خبيث
benign (adj)	ḥamīd (m)	حميد
fever	ḥomma (f)	حمّى
malaria	malaria (f)	ملاريا
gangrene	ɣanɣarīna (f)	غنغرينا
seasickness	dawār el baḥr (m)	دوار البحر
epilepsy	maraḍ el ṣara' (m)	مرض الصرع
epidemic	wabā' (m)	وباء
typhus	tyfus (m)	تيفوس
tuberculosis	maraḍ el soll (m)	مرض السلّ
cholera	kōlīra (f)	كوليرا
plague (bubonic ~)	ṭa'ūn (m)	طاعون

48. Symptoms. Treatments. Part 1

symptom	'araḍ (m)	عرض
temperature	ḥarāra (f)	حرارة
high temperature (fever)	ḥomma (f)	حمّى
pulse	nabḍ (m)	نبض
dizziness (vertigo)	dawχa (f)	دوخة

hot (adj)	soxn	سخن
shivering	ra'ʃa (f)	رعشة
pale (e.g., ~ face)	aṣfar	أصفر
cough	koḥḥa (f)	كحّة
to cough (vi)	kaḥḥ	كحّ
to sneeze (vi)	'aṭas	عطس
faint	dawxa (f)	دوخة
to faint (vi)	oɣma 'aleyh	أغمي عليه
bruise (hématome)	kadma (f)	كدمة
bump (lump)	tawarrom (m)	تورّم
to bang (bump)	etxabaṭ	إتخبط
contusion (bruise)	raḍḍa (f)	رضّة
to get a bruise	etkadam	إتكدم
to limp (vi)	'arag	عرج
dislocation	xal' (m)	خلع
to dislocate (vt)	xala'	خلع
fracture	kasr (m)	كسر
to have a fracture	enkasar	إنكسر
cut (e.g., paper ~)	garḥ (m)	جرح
to cut oneself	garaḥ nafsoh	جرح نفسه
bleeding	nazīf (m)	نزيف
burn (injury)	ḥar' (m)	حرق
to get burned	et-ḥara'	إتحرق
to prick (vt)	waxaz	وخز
to prick oneself	waxaz nafso	وخز نفسه
to injure (vt)	aṣāb	أصاب
injury	eṣāba (f)	إصابة
wound	garḥ (m)	جرح
trauma	ṣadma (f)	صدمة
to be delirious	haza	هذى
to stutter (vi)	tala'sam	تلعثم
sunstroke	ḍarabet ʃams (f)	ضربة شمس

49. Symptoms. Treatments. Part 2

pain, ache	alam (m)	ألم
splinter (in foot, etc.)	ʃazya (f)	شظية
sweat (perspiration)	'er' (m)	عرق
to sweat (perspire)	'ere'	عرق
vomiting	targee' (m)	ترجيع
convulsions	taʃonnogāt (pl)	تشنّجات
pregnant (adj)	ḥāmel	حامل

to be born	etwalad	اتولّد
delivery, labor	welāda (f)	ولادة
to deliver (~ a baby)	walad	ولد
abortion	eg-hāḍ (m)	إجهاض
breathing, respiration	tanaffos (m)	تنفّس
in-breath (inhalation)	estenʃāq (m)	إستنشاق
out-breath (exhalation)	zafīr (m)	زفير
to exhale (breathe out)	zafar	زفر
to inhale (vi)	estanʃaq	إستنشق
disabled person	mo'āq (m)	معاق
cripple	moq'ad (m)	مقعد
drug addict	modmen moχaddarāt (m)	مدمن مخدّرات
deaf (adj)	aṭraʃ	أطرش
mute (adj)	aχras	أخرس
deaf mute (adj)	aṭraʃ aχras	أطرش أخرس
mad, insane (adj)	magnūn (m)	مجنون
madman (demented person)	magnūn (m)	مجنون
madwoman	magnūna (f)	مجنونة
to go insane	etgannen	اتجنّن
gene	ʒīn (m)	جين
immunity	manā'a (f)	مناعة
hereditary (adj)	werāsy	وراثي
congenital (adj)	χolqy men el welāda	خلقي من الولادة
virus	virūs (m)	فيروس
microbe	mikrūb (m)	ميكروب
bacterium	garsūma (f)	جرثومة
infection	'adwa (f)	عدوّى

50. Symptoms. Treatments. Part 3

hospital	mostaʃfa (m)	مستشفى
patient	marīḍ (m)	مريض
diagnosis	taʃχīṣ (m)	تشخيص
cure	ʃefā' (m)	شفاء
medical treatment	'elāg ṭebby (m)	علاج طبي
to get treatment	et'āleg	اتعالج
to treat (~ a patient)	'ālag	عالج
to nurse (look after)	marraḍ	مرّض
care (nursing ~)	'enāya (f)	عناية
operation, surgery	'amaliya grāḥiya (f)	عمليّة جراحية
to bandage (head, limb)	ḍammad	ضمّد

bandaging	taḍmīd (m)	تضميد
vaccination	talqīḥ (m)	تلقيح
to vaccinate (vt)	laqqaḥ	لقّح
injection, shot	ḥo'na (f)	حقنة
to give an injection	ḥa'an ebra	حقن إبرة
attack	nawba (f)	نوبة
amputation	batr (m)	بتر
to amputate (vt)	batr	بتر
coma	ɣaybūba (f)	غيبوبة
to be in a coma	kān fi ḥālet ɣaybūba	كان في حالة غيبوبة
intensive care	el ʿenāya el morakkaza (f)	العناية المركّزة
to recover (~ from flu)	ʃefy	شفي
condition (patient's ~)	ḥāla (f)	حالة
consciousness	waʿy (m)	وعي
memory (faculty)	zākera (f)	ذاكرة
to pull out (tooth)	χalaʿ	خلع
filling	ḥaʃww (m)	حشو
to fill (a tooth)	ḥaʃa	حشا
hypnosis	el tanwīm el meɣnaṭīsy (m)	التنويم المغناطيسى
to hypnotize (vt)	nawwem	نوّم

51. Doctors

doctor	doktore (m)	دكتور
nurse	momarreḍa (f)	ممرّضة
personal doctor	doktore ʃaχṣy (m)	دكتور شخصي
dentist	doktore asnān (m)	دكتور أسنان
eye doctor	doktore el ʿoyūn (m)	دكتور العيون
internist	ṭabīb baṭna (m)	طبيب باطنة
surgeon	garrāḥ (m)	جرّاح
psychiatrist	doktore nafsāny (m)	دكتور نفساني
pediatrician	doktore aṭfāl (m)	دكتور أطفال
psychologist	aχeṣā'y ʿelm el nafs (m)	أخصائي علم النفس
gynecologist	doktore nesa (m)	دكتور نسا
cardiologist	doktore 'alb (m)	دكتور قلب

52. Medicine. Drugs. Accessories

medicine, drug	dawā' (m)	دواء
remedy	ʿelāg (m)	علاج
to prescribe (vt)	waṣaf	وصف
prescription	waṣfa (f)	وصفة

tablet, pill	ʾorṣ (m)	قرص
ointment	marham (m)	مرهم
ampule	ambūla (f)	أمبولة
mixture	dawāʾ ʃorb (m)	دواء شراب
syrup	ʃarāb (m)	شراب
pill	ḥabba (f)	حبّة
powder	zorūr (m)	ذرور
gauze bandage	ḍammāda ʃāʃ (f)	ضمادة شاش
cotton wool	ʾoṭn (m)	قطن
iodine	yūd (m)	يود
Band-Aid	blaster (m)	بلاستر
eyedropper	ʾaṭṭāra (f)	قطّارة
thermometer	termometr (m)	ترمومتر
syringe	serennga (f)	سرنّجة
wheelchair	korsy motaḥarrek (m)	كرسي متحرك
crutches	ʿokkāz (m)	عكّاز
painkiller	mosakken (m)	مسكّن
laxative	molayen (m)	مليّن
spirits (ethanol)	etanol (m)	إيثانول
medicinal herbs	aʿʃāb ṭebbiya (pl)	أعشاب طبّية
herbal (~ tea)	ʿoʃby	عشبي

HUMAN HABITAT

City

53. City. Life in the city

city, town	madīna (f)	مدينة
capital city	'āṣema (f)	عاصمة
village	qarya (f)	قرية
city map	xarīṭet el madinah (f)	خريطة المدينة
downtown	wesṭ el balad (m)	وسط البلد
suburb	ḍāḥeya (f)	ضاحية
suburban (adj)	el ḍawāḥy	الضواحي
outskirts	aṭrāf el madīna (pl)	أطراف المدينة
environs (suburbs)	ḍawāḥy el madīna (pl)	ضواحي المدينة
city block	ḥayī (m)	حي
residential block (area)	ḥayī sakany (m)	حي سكني
traffic	ḥaraket el morūr (f)	حركة المرور
traffic lights	eʃārāt el morūr (pl)	إشارات المرور
public transportation	wasā'el el na'l (pl)	وسائل النقل
intersection	taqāṭo' (m)	تقاطع
crosswalk	ma'bar (m)	معبر
pedestrian underpass	nafa' moʃāh (m)	نفق مشاه
to cross (~ the street)	'abar	عبر
pedestrian	māʃy (m)	ماشي
sidewalk	raṣīf (m)	رصيف
bridge	kobry (m)	كبري
embankment (river walk)	korneyʃ (m)	كورنيش
fountain	nafūra (f)	نافورة
allée (garden walkway)	mamʃa (m)	ممشى
park	ḥadīqa (f)	حديقة
boulevard	bolvār (m)	بولفار
square	medān (m)	ميدان
avenue (wide street)	ʃāre' (m)	شارع
street	ʃāre' (m)	شارع
side street	zo'ā' (m)	زقاق
dead end	ṭarī' masdūd (m)	طريق مسدود
house	beyt (m)	بيت
building	mabna (m)	مبنى

skyscraper	nāṭeḥet sahāb (f)	ناطحة سحاب
facade	waɣa (f)	واجهة
roof	sa'f (m)	سقف
window	ʃebbāk (m)	شبّاك
arch	qose (m)	قوس
column	'amūd (m)	عمود
corner	zawya (f)	زاوية
store window	vatrīna (f)	فترينة
signboard (store sign, etc.)	yafṭa, lāfeta (f)	لافتة, يافطة
poster	boster (m)	بوستر
advertising poster	boster e'lān (m)	بوستر إعلان
billboard	lawḥet e'lanāt (f)	لوحة إعلانات
garbage, trash	zebāla (f)	زبالة
trashcan (public ~)	ṣandū' zebāla (m)	صندوق زبالة
to litter (vi)	rama zebāla	رمى زبالة
garbage dump	mazbala (f)	مزبلة
phone booth	koʃk telefōn (m)	كشك تليفون
lamppost	'amūd nūr (m)	عمود نور
bench (park ~)	korsy (m)	كرسي
police officer	ʃorṭy (m)	شرطي
police	ʃorṭa (f)	شرطة
beggar	ʃaḥḥāt (m)	شحّات
homeless (n)	motaʃarred (m)	متشرّد

54. Urban institutions

store	maḥal (m)	محل
drugstore, pharmacy	ṣaydaliya (f)	صيدليّة
eyeglass store	maḥal naḍḍārāt (m)	محل نضّارات
shopping mall	mole (m)	مول
supermarket	subermarket (m)	سوبرماركت
bakery	maχbaz (m)	مخبز
baker	χabbāz (m)	خبّاز
pastry shop	ḥalawāny (m)	حلواني
grocery store	ba''āla (f)	بقّالة
butcher shop	gezāra (f)	جزارة
produce store	dokkān χoḍār (m)	دكّان خضار
market	sū' (f)	سوق
coffee house	'ahwa (f), kaféih (m)	قهوة, كافيه
restaurant	maṭ'am (m)	مطعم
pub, bar	bār (m)	بار
pizzeria	maḥal pizza (m)	محل بيتزا
hair salon	ṣalone ḥelā'a (m)	صالون حلاقة

post office	maktab el barīd (m)	مكتب البريد
dry cleaners	dray klīn (m)	دراي كلين
photo studio	estudio taṣwīr (m)	إستوديو تصوير
shoe store	maḥal gezam (m)	محل جزم
bookstore	maḥal kotob (m)	محل كتب
sporting goods store	maḥal mostalzamāt reyaḍiya (m)	محل مستلزمات رياضية
clothes repair shop	maḥal χeyāṭet malābes (m)	محل خياطة ملابس
formal wear rental	ta'gīr malābes rasmiya (m)	تأجير ملابس رسمية
video rental store	maḥal ta'gīr video (m)	محل تأجير فيديو
circus	serk (m)	سيرك
zoo	ḥadīqet el ḥayawān (f)	حديقة حيوان
movie theater	sinema (f)	سينما
museum	mat-ḥaf (m)	متحف
library	maktaba (f)	مكتبة
theater	masraḥ (m)	مسرح
opera (opera house)	obra (f)	أوبرا
nightclub	malha leyly (m)	ملهى ليّلي
casino	kazino (m)	كازينو
mosque	masged (m)	مسجد
synagogue	kenīs (m)	كنيس
cathedral	katedra'iya (f)	كاتدرائية
temple	ma'bad (m)	معبد
church	kenīsa (f)	كنيسة
college	kolliya (m)	كليّة
university	gam'a (f)	جامعة
school	madrasa (f)	مدرسة
prefecture	moqaṭ'a (f)	مقاطعة
city hall	baladiya (f)	بلديّة
hotel	fondo' (m)	فندق
bank	bank (m)	بنك
embassy	safāra (f)	سفارة
travel agency	ʃerket seyāḥa (f)	شركة سياحة
information office	maktab el este'lāmāt (m)	مكتب الإستعلامات
currency exchange	ṣarrāfa (f)	صرّافة
subway	metro (m)	مترو
hospital	mostaʃfa (m)	مستشفى
gas station	maḥaṭṭet banzīn (f)	محطّة بنزين
parking lot	maw'ef el 'arabeyāt (m)	موقف العربيات

55. Signs

signboard (store sign, etc.)	yafṭa, lāfeta (f)	لافتة, يافطة
notice (door sign, etc.)	bayān (m)	بيان
poster	boster (m)	بوستر
direction sign	'alāmet (f)	علامة إتجاه
arrow (sign)	'alāmet eʃāra (f)	علامة إشارة
caution	taḥzīr (m)	تحذير
warning sign	lāfetat taḥzīr (f)	لافتة تحذير
to warn (vt)	ḥazzar	حذّر
rest day (weekly ~)	yome 'oṭla (m)	يوم عطلة
timetable (schedule)	gadwal (m)	جدوّل
opening hours	aw'āt el 'amal (pl)	أوقات العمل
WELCOME!	ahlan w sahlan!	!أهلاً وسهلا
ENTRANCE	doχūl	دخول
EXIT	χorūg	خروج
PUSH	edfa'	إدفع
PULL	es-ḥab	إسحب
OPEN	maftūḥ	مفتوح
CLOSED	moɣlaq	مغلق
WOMEN	lel sayedāt	للسيدات
MEN	lel regāl	للرجال
DISCOUNTS	χoṣomāt	خصومات
SALE	taχfeḍāt	تخفيضات
NEW!	gedīd!	جديد!
FREE	maggānan	مجّاناً
ATTENTION!	entebāh!	!إنتباه
NO VACANCIES	koll el amāken maḥgūza	كلّ الأماكن محجوزة
RESERVED	maḥgūz	محجوز
ADMINISTRATION	edāra	إدارة
STAFF ONLY	lel 'amelīn faqaṭ	للعاملين فقط
BEWARE OF THE DOG!	eḥzar wogūd kalb	إحذر وجود الكلب
NO SMOKING	mamnū' el tadχīn	ممنوع التدخين
DO NOT TOUCH!	'adam el lams	عدم اللمس
DANGEROUS	χaṭīr	خطير
DANGER	χaṭar	خطر
HIGH VOLTAGE	tayār 'āly	تيّار عالي
NO SWIMMING!	el sebāḥa mamnū'a	السباحة ممنوعة
OUT OF ORDER	mo'aṭṭal	معطّل
FLAMMABLE	saree' el eʃte'āl	سريع الإشتعال
FORBIDDEN	mamnū'	ممنوع

NO TRESPASSING!	mamnūʿ el morūr	ممنوع المرور
WET PAINT	eḥzar ṭelāʾ ɣayr gāf	احذر طلاء غير جاف

56. Urban transportation

bus	buṣ (m)	باص
streetcar	trām (m)	ترام
trolley bus	trolly buṣ (m)	ترولي باص
route (of bus, etc.)	xaṭṭ (m)	خطّ
number (e.g., bus ~)	raqam (m)	رقم
to go by ...	rāḥ be ...	... راح بـ
to get on (~ the bus)	rekeb	ركب
to get off ...	nezel men	نزل من
stop (e.g., bus ~)	mawʾaf (m)	موّقف
next stop	el maḥaṭṭa el gaya (f)	المحطة الجايّة
terminus	ʾāxer mawʾaf (m)	آخر موقف
schedule	gadwal (m)	جدوّل
to wait (vt)	estanna	إستنّى
ticket	tazkara (f)	تذكرة
fare	ogra (f)	أجرة
cashier (ticket seller)	kaʃier (m)	كاشيير
ticket inspection	taftīʃ el tazāker (m)	تفتيش التذاكر
ticket inspector	mofatteʃ tazāker (m)	مفتّش تذاكر
to be late (for ...)	metʾakxer	متأخّر
to miss (~ the train, etc.)	taʾakxar	تأخّر
to be in a hurry	mestaʿgel	مستعجل
taxi, cab	taksi (m)	تاكسي
taxi driver	sawwāʾ taksi (m)	سوّاق تاكسي
by taxi	bel taksi	بالتاكسي
taxi stand	mawʾef taksi (m)	موّقف تاكسي
to call a taxi	kallem taksi	كلّم تاكسي
to take a taxi	axad taksi	أخد تاكسي
traffic	ḥaraket el morūr (f)	حركة المرور
traffic jam	zaḥmet el morūr (f)	زحمة المرور
rush hour	sāʿet el zorwa (f)	ساعة الذروة
to park (vi)	rakan	ركن
to park (vt)	rakan	ركن
parking lot	mawʾef el ʿarabeyāt (m)	موقف العربيات
subway	metro (m)	مترو
station	maḥaṭṭa (f)	محطّة
to take the subway	axad el metro	أخد المترو
train	qeṭār, ʾaṭṭr (m)	قطار
train station	maḥaṭṭet qeṭār (f)	محطّة قطار

57. Sightseeing

monument	temsāl (m)	تمثال
fortress	'al'a (f)	قلعة
palace	'aṣr (m)	قصر
castle	'al'a (f)	قلعة
tower	borg (m)	برج
mausoleum	ḍarīḥ (m)	ضريح
architecture	handasa me'māriya (f)	هندسة معمارية
medieval (adj)	men el qorūn el wosṭa	من القرون الوسطى
ancient (adj)	'atīq	عتيق
national (adj)	waṭany	وطني
famous (monument, etc.)	maʃ-hūr	مشهور
tourist	sā'eḥ (m)	سائح
guide (person)	morʃed (m)	مرشد
excursion, sightseeing tour	gawla (f)	جولة
to show (vt)	warra	ورّى
to tell (vt)	'āl	قال
to find (vt)	la'a	لقى
to get lost (lose one's way)	ḍā'	ضاع
map (e.g., subway ~)	χarīṭa (f)	خريطة
map (e.g., city ~)	χarīṭa (f)	خريطة
souvenir, gift	tezkār (m)	تذكار
gift shop	maḥal hadāya (m)	محل هدايا
to take pictures	ṣawwar	صوّر
to have one's picture taken	etṣawwar	إتصوّر

58. Shopping

to buy (purchase)	eʃtara	إشترى
purchase	ḥāga (f)	حاجة
to go shopping	eʃtara	إشترى
shopping	ʃobbing (m)	شوبينج
to be open (ab. store)	maftūḥ	مفتوح
to be closed	moɣlaq	مغلق
footwear, shoes	gezam (pl)	جزم
clothes, clothing	malābes (pl)	ملابس
cosmetics	mawād tagmīl (pl)	مواد تجميل
food products	akl (m)	أكل
gift, present	hediya (f)	هديّة
salesman	bayā' (m)	بيّاع
saleswoman	bayā'a (f)	بيّاعة

check out, cash desk	ṣandū' el dafʿ (m)	صندوق الدفع
mirror	merāya (f)	مراية
counter (store ~)	manḍada (f)	منضدة
fitting room	ɣorfet el 'eyās (f)	غرفة القياس
to try on	garrab	جرّب
to fit (ab. dress, etc.)	nāseb	ناسب
to like (I like ...)	ʿagab	عجب
price	seʿr (m)	سعر
price tag	tiket el seʿr (m)	تيكت السعر
to cost (vt)	kallef	كلّف
How much?	bekām?	بكام؟
discount	χaṣm (m)	خصم
inexpensive (adj)	meʃ ɣāly	مش غالي
cheap (adj)	reχīṣ	رخيص
expensive (adj)	ɣāly	غالي
It's expensive	da ɣāly	ده غالي
rental (n)	este'gār (m)	إستئجار
to rent (~ a tuxedo)	est'gar	إستأجر
credit (trade credit)	e'temān (m)	إئتمان
on credit (adv)	bel ta'seeṭ	بالتقسيط

59. Money

money	folūs (pl)	فلوس
currency exchange	taḥwīl ʿomla (m)	تحويل عملة
exchange rate	seʿr el ṣarf (m)	سعر الصرف
ATM	makinet ṣarrāf 'āly (f)	ماكينة صرّاف آلي
coin	'erʃ (m)	قرش
dollar	dolār (m)	دولار
euro	yoro (m)	يورو
lira	lira (f)	ليرة
Deutschmark	el mark el almāny (m)	المارك الألماني
franc	frank (m)	فرنك
pound sterling	geneyh esterlīny (m)	جنيه استرليني
yen	yen (m)	ين
debt	deyn (m)	دين
debtor	modīn (m)	مدين
to lend (money)	sallef	سلّف
to borrow (vi, vt)	estalaf	إستلف
bank	bank (m)	بنك
account	ḥesāb (m)	حساب
to deposit (vt)	awdaʿ	أودع

to deposit into the account	awda‘ fel ḥesāb	أوّدع في الحساب
to withdraw (vt)	saḥab men el ḥesāb	سحب من الحساب
credit card	kredit kard (f)	كريدت كارد
cash	kæʃ (m)	كاش
check	ʃīk (m)	شيك
to write a check	katab ʃīk	كتب شيك
checkbook	daftar ʃikāt (m)	دفتر شيكات
wallet	maḥfaẓa (f)	محفظة
change purse	maḥfazet fakka (f)	محفظة فكّة
safe	χazzāna (f)	خزّانة
heir	wāres (m)	وارث
inheritance	werāsa (f)	وراثة
fortune (wealth)	sarwa (f)	ثروّة
lease	‘a’d el egār (m)	عقد الإيجار
rent (money)	ogret el sakan (f)	أجرة السكن
to rent (sth from sb)	est’gar	إستأجر
price	se‘r (m)	سعر
cost	taman (m)	ثمن
sum	mablaɣ (m)	مبلغ
to spend (vt)	ṣaraf	صرف
expenses	maṣarīf (pl)	مصاريف
to economize (vi, vt)	waffar	وفّر
economical	mowaffer	موّفر
to pay (vi, vt)	dafa‘	دفع
payment	daf‘ (m)	دفع
change (give the ~)	el bā’y (m)	الباقي
tax	ḍarība (f)	ضريبة
fine	ɣarāma (f)	غرامة
to fine (vt)	faraḍ ɣarāma	فرض غرامة

60. Post. Postal service

post office	maktab el barīd (m)	مكتب البريد
mail (letters, etc.)	el barīd (m)	البريد
mailman	sā‘y el barīd (m)	ساعي البريد
opening hours	aw’āt el ‘amal (pl)	أوقات العمل
letter	resāla (f)	رسالة
registered letter	resāla mosaggala (f)	رسالة مسجّلة
postcard	kart barīdy (m)	كرت بريدي
telegram	barqiya (f)	برقيّة
package (parcel)	ṭard (m)	طرد

money transfer	ḥewāla māliya (f)	حوالة مالية
to receive (vt)	estalam	إستلم
to send (vt)	arsal	أرسل
sending	ersāl (m)	إرسال
address	ʿenwān (m)	عنوان
ZIP code	raqam el barīd (m)	رقم البريد
sender	morsel (m)	مرسل
receiver	morsel elayh (m)	مرسل إليه
name (first name)	esm (m)	اسم
surname (last name)	esm el ʿaʾela (m)	اسم العائلة
postage rate	taʿrīfa (f)	تعريفة
standard (adj)	ʿādy	عادي
economical (adj)	mowaffer	موّفر
weight	wazn (m)	وزن
to weigh (~ letters)	wazan	وزن
envelope	ẓarf (m)	ظرف
postage stamp	ṭābeʿ (m)	طابع
to stamp an envelope	alṣaq ṭābeʿ	ألصق طابع

Dwelling. House. Home

61. House. Electricity

electricity	kahraba' (m)	كهرباء
light bulb	lammba (f)	لمّبة
switch	meftāḥ (m)	مفتاح
fuse (plug fuse)	fuse (m)	فيوز
cable, wire (electric ~)	selk (m)	سلك
wiring	aslāk (pl)	أسلاك
electricity meter	'addād (m)	عدّاد
readings	qerā'a (f)	قراءة

62. Villa. Mansion

country house	villa rīfiya (f)	فيلا ريفيّة
villa (seaside ~)	villa (f)	فيلا
wing (~ of a building)	genāḥ (m)	جناح
garden	geneyna (f)	جنينة
park	ḥadīqa (f)	حديقة
tropical greenhouse	dafī'a (f)	دفيئة
to look after (garden, etc.)	ehtamm	إهتمّ
swimming pool	ḥammām sebāḥa (m)	حمّام سباحة
gym (home gym)	gīm (m)	جيم
tennis court	mal'ab tennis (m)	ملعب تنسّ
home theater (room)	sinema manzeliya (f)	سينما منزليّة
garage	garāʒ (m)	جراج
private property	melkiya χāṣa (f)	ملكيّة خاصّة
private land	arḍ χāṣa (m)	أرض خاصّة
warning (caution)	taḥzīr (m)	تحذير
warning sign	lāfetat taḥzīr (f)	لافتة تحذير
security	ḥerāsa (f)	حراسة
security guard	ḥāres amn (m)	حارس أمن
burglar alarm	gehāz enzār (m)	جهاز إنذار

63. Apartment

apartment	ʃa''a (f)	شقّة
room	oḍa (f)	أوضة
bedroom	oḍet el nome (f)	أوضة النوم
dining room	oḍet el sofra (f)	أوضة السفرة
living room	oḍet el esteqbāl (f)	أوضة الإستقبال
study (home office)	maktab (m)	مكتب
entry room	madχal (m)	مدخل
bathroom (room with a bath or shower)	ḥammām (m)	حمّام
half bath	ḥammām (m)	حمّام
ceiling	sa'f (m)	سقف
floor	arḍiya (f)	أرضية
corner	zawya (f)	زاوية

64. Furniture. Interior

furniture	asās (m)	أثاث
table	maktab (m)	مكتب
chair	korsy (m)	كرسي
bed	serīr (m)	سرير
couch, sofa	kanaba (f)	كنبة
armchair	korsy (m)	كرسي
bookcase	χazzānet kotob (f)	خزّانة كتب
shelf	raff (m)	رفّ
wardrobe	dolāb (m)	دولاب
coat rack (wall-mounted ~)	ʃammāʿa (f)	شمّاعة
coat stand	ʃammāʿa (f)	شمّاعة
bureau, dresser	dolāb adrāg (m)	دولاب أدراج
coffee table	ṭarabeyzet el 'ahwa (f)	طرابيزة القهوة
mirror	merāya (f)	مراية
carpet	seggāda (f)	سجّادة
rug, small carpet	seggāda (f)	سجّادة
fireplace	daffāya (f)	دفّاية
candle	ʃamʿa (f)	شمعة
candlestick	ʃamʿadān (m)	شمعدان
drapes	satā'er (pl)	ستائر
wallpaper	wara' ḥā'eṭ (m)	ورق حائط
blinds (jalousie)	satā'er ofoqiya (pl)	ستائر أفقيّة
table lamp	abāʒūr (f)	اباجورة

wall lamp (sconce)	lammbet ḥā'eṭ (f)	لمّبة حائط
floor lamp	meṣbāḥ arḍy (m)	مصباح أرضي
chandelier	nagafa (f)	نجفة
leg (of chair, table)	regl (f)	رجل
armrest	masnad (m)	مسند
back (backrest)	masnad (m)	مسند
drawer	dorg (m)	درج

65. Bedding

bedclothes	bayāḍāt el serīr (pl)	بياضات السرير
pillow	maχadda (f)	مخدّة
pillowcase	kīs el maχadda (m)	كيس المخدّة
duvet, comforter	leḥāf (m)	لحاف
sheet	melāya (f)	ملاية
bedspread	ɣaṭā' el serīr (m)	غطاء السرير

66. Kitchen

kitchen	maṭbaχ (m)	مطبخ
gas	ɣāz (m)	غاز
gas stove (range)	botoɣāz (m)	بوتوغاز
electric stove	forn kaharabā'y (m)	فرن كهربائي
oven	forn (m)	فرن
microwave oven	mikroweyv (m)	ميكروويف
refrigerator	tallāga (f)	ثلاجة
freezer	freyzer (m)	فريزر
dishwasher	ɣassālet aṭbā' (f)	غسّالة أطباق
meat grinder	farrāmet laḥm (f)	فرّامة لحم
juicer	'aṣṣāra (f)	عصّارة
toaster	maḥmaṣet χobz (f)	محمصة خبز
mixer	χallāṭ (m)	خلّاط
coffee machine	makinet ṣon' el 'ahwa (f)	ماكينة صنع القهوة
coffee pot	ɣallāya kahraba'iya (f)	غلّاية القهوة
coffee grinder	maṭ-ḥanet 'ahwa (f)	مطحنة قهوة
kettle	ɣallāya (f)	غلّاية
teapot	barrād el ʃāy (m)	برّاد الشاي
lid	ɣaṭā' (m)	غطاء
tea strainer	maṣfāh el ʃāy (f)	مصفاة الشاي
spoon	ma'la'a (f)	معلقة
teaspoon	ma'la'et ʃāy (f)	معلقة شاي
soup spoon	ma'la'a kebīra (f)	ملعقة كبيرة

fork	ʃawka (f)	شوكة
knife	sekkīna (f)	سكّينة
tableware (dishes)	awāny (pl)	أواني
plate (dinner ~)	ṭaba' (m)	طبق
saucer	ṭaba' fengān (m)	طبق فنجان
shot glass	kāsa (f)	كاسة
glass (tumbler)	kobbāya (f)	كوبّاية
cup	fengān (m)	فنجان
sugar bowl	sokkariya (f)	سكّريّة
salt shaker	mamlaḥa (f)	مملحة
pepper shaker	mobhera (f)	مبهرة
butter dish	ṭaba' zebda (m)	طبق زبدة
stock pot (soup pot)	ḥalla (f)	حلّة
frying pan (skillet)	ṭāsa (f)	طاسة
ladle	maɣrafa (f)	مغرفة
colander	maṣfāh (f)	مصفاه
tray (serving ~)	ṣeniya (f)	صينيّة
bottle	ezāza (f)	إزازة
jar (glass)	barṭamān (m)	برطمان
can	kanz (m)	كانز
bottle opener	fattāḥa (f)	فتّاحة
can opener	fattāḥa (f)	فتّاحة
corkscrew	barrīma (f)	بريّمة
filter	filter (m)	فلتر
to filter (vt)	ṣaffa	صفّى
trash, garbage (food waste, etc.)	zebāla (f)	زبالة
trash can (kitchen ~)	ṣandū' el zebāla (m)	صندوق الزبالة

67. Bathroom

bathroom	ḥammām (m)	حمّام
water	meyāh (f)	مياه
faucet	ḥanafiya (f)	حنفيّة
hot water	maya soχna (f)	مايّة سخنة
cold water	maya barda (f)	مايّة باردة
toothpaste	ma'gūn asnān (m)	معجون أسنان
to brush one's teeth	naḍḍaf el asnān	نظّف الأسنان
toothbrush	forʃet senān (f)	فرشة أسنان
to shave (vi)	ḥala'	حلق
shaving foam	raɣwa lel ḥelā'a (f)	رغوة للحلاقة

razor	mūs (m)	موس
to wash (one's hands, etc.)	ɣasal	غسل
to take a bath	estaḥamma	إستحمّى
shower	doʃ (m)	دوش
to take a shower	aχad doʃ	أخد دوش
bathtub	banyo (m)	بانيو
toilet (toilet bowl)	twalet (m)	تواليت
sink (washbasin)	ḥoḍe (m)	حوض
soap	ṣabūn (m)	صابون
soap dish	ṣabbāna (f)	صبّانة
sponge	līfa (f)	ليفة
shampoo	ʃambū (m)	شامبو
towel	fūṭa (f)	فوطة
bathrobe	robe el ḥammām (m)	روب حمّام
laundry (process)	ɣasīl (m)	غسيل
washing machine	ɣassāla (f)	غسّالة
to do the laundry	ɣasal el malābes	غسل الملابس
laundry detergent	mas-ḥū' ɣasīl (m)	مسحوق غسيل

68. Household appliances

TV set	televizion (m)	تليفزيون
tape recorder	gehāz tasgīl (m)	جهاز تسجيل
VCR (video recorder)	'āla tasgīl video (f)	آلة تسجيل فيديو
radio	gehāz radio (m)	جهاز راديو
player (CD, MP3, etc.)	blayer (m)	بليير
video projector	gehāz 'arḍ (m)	جهاز عرض
home movie theater	sinema manzeliya (f)	سينما منزليّة
DVD player	dividī blayer (m)	دي في دي بليير
amplifier	mokabbaer el ṣote (m)	مكبّر الصوت
video game console	'ātāry (m)	أتاري
video camera	kamera video (f)	كاميرا فيديو
camera (photo)	kamera (f)	كاميرا
digital camera	kamera diʒital (f)	كاميرا ديجيتال
vacuum cleaner	maknasa kahraba'iya (f)	مكنسة كهربائيّة
iron (e.g., steam ~)	makwa (f)	مكواة
ironing board	lawḥet kayī (f)	لوحة كيّ
telephone	telefon (m)	تليفون
cell phone	mobile (m)	موبايل
typewriter	'āla katba (f)	آلة كاتبة
sewing machine	makanet el χeyāṭa (f)	مكنة الخياطة
microphone	mikrofon (m)	ميكروفون

headphones	samma'āt ra'siya (pl)	سمّاعات رأسية
remote control (TV)	remowt kontrol (m)	ريموت كنترول
CD, compact disc	sidī (m)	سي دي
cassette, tape	kasett (m)	كاسيت
vinyl record	esṭewāna mūsīqa (f)	أسطوانة موسيقى

HUMAN ACTIVITIES

Job. Business. Part 1

69. Office. Working in the office

office (company ~)	maktab (m)	مكتب
office (of director, etc.)	maktab (m)	مكتب
reception desk	este'bāl (m)	إستقبال
secretary	sekerteyr (m)	سكرتير
director	modīr (m)	مدير
manager	modīr (m)	مدير
accountant	muḥāseb (m)	محاسب
employee	mowazzaf (m)	موظّف
furniture	asās (m)	أثاث
desk	maktab (m)	مكتب
desk chair	korsy (m)	كرسي
drawer unit	weḥdet adrāg (f)	وحدة أدراج
coat stand	ʃammā'a (f)	شمّاعة
computer	kombuter (m)	كمبيوتر
printer	ṭābe'a (f)	طابعة
fax machine	faks (m)	فاكس
photocopier	'ālet nasχ (f)	آلة نسخ
paper	wara' (m)	ورق
office supplies	adawāt maktabiya (pl)	أدوات مكتبية
mouse pad	maws bād (m)	ماوس باد
sheet (of paper)	wara'a (f)	ورقة
binder	malaff (m)	ملفّ
catalog	fehras (m)	فهرس
phone directory	dalīl el telefone (m)	دليل التليفون
documentation	wasā'eq (pl)	وثائق
brochure (e.g., 12 pages ~)	naʃra (f)	نشرة
leaflet (promotional ~)	manʃūr (m)	منشور
sample	namūzag (m)	نموذج
training meeting	egtemā' tadrīb (m)	إجتماع تدريب
meeting (of managers)	egtemā' (m)	إجتماع
lunch time	fatret el ɣada' (f)	فترة الغذاء
to make a copy	ṣawwar	صوّر

to make multiple copies	ṣawwar	صوّر
to receive a fax	estalam faks	إستلم فاكس
to send a fax	baʿat faks	بعت فاكس
to call (by phone)	ettaṣal	إتّصل
to answer (vt)	gāwab	جاوب
to put through	waṣṣal	وصّل
to arrange, to set up	ḥadded	حدّد
to demonstrate (vt)	ʿaraḍ	عرض
to be absent	ɣāb	غاب
absence	ɣeyāb (m)	غياب

70. Business processes. Part 1

occupation	ʃoɣl (m)	شغل
firm	ʃerka (f)	شركة
company	ʃerka (f)	شركة
corporation	moʾassasa tegariya (f)	مؤسسة تجارية
enterprise	ʃerka (f)	شركة
agency	wekāla (f)	وكالة
agreement (contract)	ettefaqiya (f)	إتّفاقية
contract	ʿaʾd (m)	عقد
deal	ṣafqa (f)	صفقة
order (to place an ~)	ṭalab (m)	طلب
terms (of the contract)	ʃorūṭ (pl)	شروط
wholesale (adv)	bel gomla	بالجملة
wholesale (adj)	el gomla	الجملة
wholesale (n)	beyʿ bel gomla (m)	بيع بالجملة
retail (adj)	yebeeʿ bel tagzeʾa	يبيع بالتجزئة
retail (n)	maḥal yebeeʿ bel tagzeʾa (m)	محل يبيع بالتجزئة
competitor	monāfes (m)	منافس
competition	monafsa (f)	منافسة
to compete (vi)	nāfes	نافس
partner (associate)	ʃerīk (m)	شريك
partnership	ʃarāka (f)	شراكة
crisis	azma (f)	أزمة
bankruptcy	eflās (m)	إفلاس
to go bankrupt	falles	فلّس
difficulty	ṣoʿūba (f)	صعوبة
problem	moʃkela (f)	مشكلة
catastrophe	karsa (f)	كارثة
economy	eqtiṣād (m)	إقتصاد
economic (~ growth)	eqteṣādy	إقتصادي

economic recession	rokūd eqteṣādy (m)	ركود إقتصادي
goal (aim)	hadaf (m)	هدف
task	mohemma (f)	مهمّة
to trade (vi)	tāger	تاجر
network (distribution ~)	ʃabaka (f)	شبكة
inventory (stock)	el maχzūn (m)	المخزون
range (assortment)	taʃkīla (f)	تشكيلة
leader (leading company)	qā'ed (m)	قائد
large (~ company)	kebīr	كبير
monopoly	eḥtekār (m)	إحتكار
theory	naẓariya (f)	نظريّة
practice	momarsa (f)	ممارسة
experience (in my ~)	χebra (f)	خبرة
trend (tendency)	ettegāh (m)	إتّجاه
development	tanmeya (f)	تنمية

71. Business processes. Part 2

profit (foregone ~)	rebḥ (m)	ربح
profitable (~ deal)	morbeḥ	مربح
delegation (group)	wafd (m)	وفد
salary	morattab (m)	مرتّب
to correct (an error)	ṣaḥḥaḥ	صحّح
business trip	reḥlet ʿamal (f)	رحلة عمل
commission	lagna (f)	لجنة
to control (vt)	et-ḥakkem	إتحكّم
conference	mo'tamar (m)	مؤتمر
license	roχṣa (f)	رخصة
reliable (~ partner)	mawsūq	موثوق
initiative (undertaking)	mobadra (f)	مبادرة
norm (standard)	meʿyār (m)	معيار
circumstance	ẓarf (m)	ظرف
duty (of employee)	wāgeb (m)	واجب
organization (company)	monaẓẓama (f)	منظّمة
organization (process)	tanẓīm (m)	تنظيم
organized (adj)	monaẓẓam	منظّم
cancellation	elɣā' (m)	إلغاء
to cancel (call off)	alɣa	ألغى
report (official ~)	ta'rīr (m)	تقرير
patent	bara'et el eχterāʿ (f)	براءة الإختراع
to patent (obtain patent)	saggel barā'et eχterāʿ	سجّل براءة الإختراع
to plan (vt)	χaṭṭeṭ	خطّط

bonus (money)	'alāwa (f)	علاوة
professional (adj)	mehany	مهني
procedure	egrā' (m)	إجراء
to examine (contract, etc.)	baḥs fi	بحث في
calculation	ḥesāb (m)	حساب
reputation	som'a (f)	سمعة
risk	moχaṭra (f)	مخاطرة
to manage, to run	adār	أدار
information	ma'lumāt (pl)	معلومات
property	melkiya (f)	ملكيّة
union	etteḥād (m)	إتّحاد
life insurance	ta'mīn 'alal ḥayah (m)	تأمين على الحياة
to insure (vt)	ammen	أمّن
insurance	ta'mīn (m)	تأمين
auction (~ sale)	mazād (m)	مزاد
to notify (inform)	ballaɣ	بلّغ
management (process)	edāra (f)	إدارة
service (~ industry)	χadma (f)	خدمة
forum	nadwa (f)	ندوة
to function (vi)	adda waẓīfa	أدّى وظيفة
stage (phase)	marḥala (f)	مرحلة
legal (~ services)	qanūniya	قانونية
lawyer (legal advisor)	muḥāmy (m)	محامي

72. Production. Works

plant	maṣna' (m)	مصنع
factory	maṣna' (m)	مصنع
workshop	warʃa (f)	ورشة
works, production site	maṣna' (m)	مصنع
industry (manufacturing)	ṣenā'a (f)	صناعة
industrial (adj)	ṣenā'y	صناعي
heavy industry	ṣenā'a te'īla (f)	صناعة ثقيلة
light industry	ṣenā'a χafīfa (f)	صناعة خفيفة
products	montagāt (pl)	منتجات
to produce (vt)	antag	أنتج
raw materials	mawād χām (pl)	مواد خام
foreman (construction ~)	ra'īs el 'ommāl (m)	رئيس العمّال
workers team (crew)	farī' el 'ommāl (m)	فريق العمّال
worker	'āmel (m)	عامل
working day	yome 'amal (m)	يوم عمل
pause (rest break)	rāḥa (f)	راحة

meeting	egtemā‘ (m)	إجتماع
to discuss (vt)	nā’eʃ	ناقش
plan	xeṭṭa (f)	خطّة
to fulfill the plan	naffez el xeṭṭa	نفّذ الخطّة
rate of output	mo‘addal el entāg (m)	معدّل الإنتاج
quality	gawda (f)	جوّدة
control (checking)	taftīʃ (m)	تفتيش
quality control	ḍabṭ el gawda (m)	ضبط الجودة
workplace safety	salāmet makān el ‘amal (f)	سلامة مكان العمل
discipline	enḍebāṭ (m)	إنضباط
violation (of safety rules, etc.)	moxalfa (f)	مخالفة
to violate (rules)	xālef	خالف
strike	eḍrāb (m)	إضراب
striker	moḍrab (m)	مضرب
to be on strike	aḍrab	أضرب
labor union	etteḥād el ‘omāl (m)	إتّحاد العمال
to invent (machine, etc.)	extara‘	إخترع
invention	exterā‘ (m)	إختراع
research	baḥs (m)	بحث
to improve (make better)	ḥassen	حسّن
technology	teknoloʒia (f)	تكنولوجيا
technical drawing	rasm teqany (m)	رسم تقني
load, cargo	ʃaḥn (m)	شحن
loader (person)	ʃayāl (m)	شيّال
to load (vehicle, etc.)	ʃaḥn	شحن
loading (process)	taḥmīl (m)	تحميل
to unload (vi, vt)	farraɣ	فرّغ
unloading	tafrīɣ (m)	تفريغ
transportation	wasā’el el na’l (pl)	وسائل النقل
transportation company	ʃerket na’l (f)	شركة نقل
to transport (vt)	na’al	نقل
freight car	‘arabet ʃaḥn (f)	عربة شحن
tank (e.g., oil ~)	xazzān (m)	خزّان
truck	ʃāḥena (f)	شاحنة
machine tool	makana (f)	مكنة
mechanism	’āliya (f)	آليّة
industrial waste	moxallafāt ṣena‘iya (pl)	مخلفات صناعية
packing (process)	ta‘be’a (f)	تعبئة
to pack (vt)	‘abba	عبّأ

73. Contract. Agreement

contract	'a'd (m)	عقد
agreement	ettefā' (m)	إتّفاق
addendum	molḥa' (m)	ملحق
to sign a contract	waqqa' 'ala 'a'd	وقّع على عقد
signature	tawqee' (m)	توقيع
to sign (vt)	waqqa'	وقّع
seal (stamp)	χetm (m)	ختم
subject of contract	mawḍū' el 'a'd (m)	موضوع العقد
clause	band (m)	بند
parties (in contract)	aṭrāf (pl)	أطراف
legal address	'enwān qanūny (m)	عنوان قانوني
to violate the contract	χālef el 'a'd	خالف العقد
commitment (obligation)	eltezām (m)	إلتزام
responsibility	mas'oliya (f)	مسؤوليّة
force majeure	'owwa qāhera (m)	قوّة قاهرة
dispute	χelāf (m)	خلاف
penalties	'oqobāt (pl)	عقوبات

74. Import & Export

import	esterād (m)	إستيراد
importer	mostawred (m)	مستورّد
to import (vt)	estawrad	إستورّد
import (as adj.)	wāred	وارد
export (exportation)	taṣdīr (m)	تصدير
exporter	moṣadder (m)	مصدّر
to export (vi, vt)	ṣaddar	صدّر
export (as adj.)	sādir	صادر
goods (merchandise)	baḍā'e' (pl)	بضائع
consignment, lot	ʃoḥna (f)	شحنة
weight	wazn (m)	وزن
volume	ḥagm (m)	حجم
cubic meter	metr moka''ab (m)	متر مكعّب
manufacturer	el ʃerka el moṣanne'a (f)	الشركة المصنّعة
transportation company	ʃerket na'l (f)	شركة نقل
container	ḥāweya (f)	حاوية
border	ḥadd (m)	حدّ
customs	gamārek (pl)	جمارك
customs duty	rasm gomroky (m)	رسم جمركي

customs officer	mowazzaf el gamārek (m)	موظّف الجمارك
smuggling	tahrīb (m)	تهريب
contraband (smuggled goods)	beḍā'a moharraba (pl)	بضاعة مهربة

75. Finances

stock (share)	sahm (m)	سهم
bond (certificate)	sanad (m)	سند
promissory note	kembyāla (f)	كمبيالة
stock exchange	borṣa (f)	بورصة
stock price	se'r el sahm (m)	سعر السهم
to go down (become cheaper)	reχeṣ	رخص
to go up (become more expensive)	ʃely	غلي
share	naṣīb (m)	نصيب
controlling interest	el magmū'a el mosayṭara (f)	المجموعة المسيطرة
investment	estesmār (pl)	إستثمار
to invest (vt)	estasmar	إستثمر
percent	bel me'a - bel miya	بالمئة
interest (on investment)	fayda (f)	فائدة
profit	rebḥ (m)	ربح
profitable (adj)	morbeḥ	مربح
tax	ḍarība (f)	ضريبة
currency (foreign ~)	'omla (f)	عملة
national (adj)	waṭany	وطني
exchange (currency ~)	taḥwīl (m)	تحويل
accountant	muḥāseb (m)	محاسب
accounting	maḥasba (f)	محاسبة
bankruptcy	eflās (m)	إفلاس
collapse, crash	enheyār (m)	إنهيار
ruin	eflās (m)	إفلاس
to be ruined (financially)	falles	فلّس
inflation	taḍakχom māly (m)	تضخّم مالي
devaluation	taχfīḍ qīmet 'omla (m)	تخفيض قيمة عملة
capital	ra's māl (m)	رأس مال
income	daχl (m)	دخل
turnover	dawret ra's el māl (f)	دورة رأس المال
resources	mawāred (pl)	موارد
monetary resources	el mawāred el naqdiya (pl)	الموارد النقديّة

overhead	nafa'āt ʿāmma (pl)	نفقات عامّة
to reduce (expenses)	χaffaḍ	خفّض

76. Marketing

marketing	taswīʾ (m)	تسويق
market	sūʾ (f)	سوق
market segment	qaṭāʿ el sūʾ (m)	قطاع السوق
product	montag (m)	منتج
goods (merchandise)	baḍāʾeʿ (pl)	بضائع
brand	mārka (f)	ماركة
trademark	marka tegāriya (f)	ماركة تجاريّة
logotype	ʃeʿār (m)	شعار
logo	ʃeʿār (m)	شعار
demand	ṭalab (m)	طلب
supply	mUʿİddāt (pl)	معدّات
need	ḥāga (f)	حاجة
consumer	mostahlek (m)	مستهلك
analysis	taḥlīl (m)	تحليل
to analyze (vt)	ḥallel	حلّل
positioning	waḍʿ (m)	وضع
to position (vt)	waḍaʿ	وضع
price	seʿr (m)	سعر
pricing policy	seyāset el asʿār (f)	سياسة الأسعار
price formation	taʃkīl el asʿār (m)	تشكيل الأسعار

77. Advertising

advertising	eʿlān (m)	إعلان
to advertise (vt)	aʿlan	أعلن
budget	mezaniya (f)	ميزانية
ad, advertisement	eʿlān (m)	إعلان
TV advertising	eʿlān fel televizīōn (m)	إعلان في التليفزيون
radio advertising	eʿlān fel radio (m)	إعلان في الراديو
outdoor advertising	eʿlān zahery (m)	إعلان ظاهري
mass media	wasāʾel el eʿlām (pl)	وسائل الإعلام
periodical (n)	magalla dawriya (f)	مجلّة دوريّة
image (public appearance)	imyʒ (m)	إيميج
slogan	ʃeʿār (m)	شعار
motto (maxim)	ʃeʿār (m)	شعار
campaign	ḥamla (f)	حملة

advertising campaign	ḥamla eʿlaniya (f)	حملة إعلانيّة
target group	magmūʿa mostahdafa (f)	مجموعة مستهدفة
business card	kart el ʿamal (m)	كارت العمل
leaflet (promotional ~)	manʃūr (m)	منشور
brochure (e.g., 12 pages ~)	naʃra (f)	نشرة
pamphlet	kotayeb (m)	كتيّب
newsletter	naʃra eχbariya (f)	نشرة إخبارية
signboard (store sign, etc.)	yafṭa, lāfeta (f)	لافتة, يافطة
poster	boster (m)	بوستر
billboard	lawḥet eʿlanāt (f)	لوحة إعلانات

78. Banking

bank	bank (m)	بنك
branch (of bank, etc.)	farʿ (m)	فرع
bank clerk, consultant	mowazzaf bank (m)	موظّف بنك
manager (director)	modīr (m)	مدير
bank account	ḥesāb bank (m)	حساب بنك
account number	raqam el ḥesāb (m)	رقم الحساب
checking account	ḥesāb gāry (m)	حساب جاري
savings account	ḥesāb tawfīr (m)	حساب توّفير
to open an account	fataḥ ḥesāb	فتح حساب
to close the account	ʾafal ḥesāb	قفل حساب
to deposit into the account	awdaʿ fel ḥesāb	أودع في الحساب
to withdraw (vt)	saḥab men el ḥesāb	سحب من الحساب
deposit	wadeeʿa (f)	وديعة
to make a deposit	awdaʿ	أودع
wire transfer	ḥewāla maṣrefiya (f)	حوالة مصرفيّة
to wire, to transfer	ḥawwel	حوّل
sum	mablaɣ (m)	مبلغ
How much?	kām?	كام؟
signature	tawqeeʿ (m)	توقيع
to sign (vt)	waqqaʿ	وقّع
credit card	kredit kard (f)	كريدت كارد
code (PIN code)	kōd (m)	كود
credit card number	raqam el kredit kard (m)	رقم الكريدت كارد
ATM	makinet ṣarrāf ʾāly (f)	ماكينة صرّاف آلي
check	ʃīk (m)	شيك
to write a check	katab ʃīk	كتب شيك

checkbook	daftar ʃikāt (m)	دفتر شيكات
loan (bank ~)	qarḍ (m)	قرض
to apply for a loan	'addem ṭalab 'ala qarḍ	قدّم طلب على قرض
to get a loan	ḥaṣal 'ala qarḍ	حصل على قرض
to give a loan	edda qarḍ	ادّى قرض
guarantee	ḍamān (m)	ضمان

79. Telephone. Phone conversation

telephone	telefon (m)	تليفون
cell phone	mobile (m)	موبايل
answering machine	gehāz radd 'alal mokalmāt (m)	جهاز ردّ على المكالمات
to call (by phone)	ettaṣal	إتّصل
phone call	mokalma telefoniya (f)	مكالمة تليفونية
to dial a number	ettaṣal be raqam	إتّصل برقم
Hello!	alo!	ألو!
to ask (vt)	sa'al	سأل
to answer (vi, vt)	radd	ردّ
to hear (vt)	seme'	سمع
well (adv)	kewayes	كويّس
not well (adv)	meʃ kowayīs	مش كويّس
noises (interference)	taʃwīʃ (m)	تشويش
receiver	sammā'a (f)	سمّاعة
to pick up (~ the phone)	rafa' el sammā'a	رفع السمّاعة
to hang up (~ the phone)	'afal el sammā'a	قفل السمّاعة
busy (engaged)	maʃɣūl	مشغول
to ring (ab. phone)	rann	رنّ
telephone book	dalīl el telefone (m)	دليل التليفون
local (adj)	maḥalliyya	ة محليّة
local call	mokalma maḥalliya (f)	مكالمة محليّة
long distance (~ call)	bi'īd	بعيد
long-distance call	mokalma bi'īda (f)	مكالمة بعيدة المدى
international (adj)	dowly	دوّلي
international call	mokalma dowliya (f)	مكالمة دوليّة

80. Cell phone

cell phone	mobile (m)	موبايل
display	'arḍ (m)	عرض
button	zerr (m)	زرّ
SIM card	sim kard (m)	سيم كارد

battery	baṭṭariya (f)	بطّاريّة
to be dead (battery)	χelṣet	خلصت
charger	ʃāḥen (m)	شاحن
menu	qā'ema (f)	قائمة
settings	awḍā' (pl)	أوضاع
tune (melody)	naɣama (f)	نغمة
to select (vt)	eχtār	إختار
calculator	'āla ḥasba (f)	آلة حاسبة
voice mail	barīd ṣawty (m)	بريد صوتي
alarm clock	monabbeh (m)	منبّه
contacts	gehāt el etteṣāl (pl)	جهات الإتّصال
SMS (text message)	resāla 'aṣīra ɛsɛmɛs (f)	رسالة قصيرة sms
subscriber	moʃtarek (m)	مشترك

81. Stationery

ballpoint pen	'alam gāf (m)	قلم جاف
fountain pen	'alam rīʃa (m)	قلم ريشة
pencil	'alam roṣāṣ (m)	قلم رصاص
highlighter	markar (m)	ماركر
felt-tip pen	'alam fulumaster (m)	قلم فلوماستر
notepad	mozakkera (f)	مذكّرة
agenda (diary)	gadwal el a'māl (m)	جدول الأعمال
ruler	masṭara (f)	مسطرة
calculator	'āla ḥasba (f)	آلة حاسبة
eraser	astīka (f)	استيكة
thumbtack	dabbūs (m)	دبّوس
paper clip	dabbūs wara' (m)	دبّوس ورق
glue	ṣamɣ (m)	صمغ
stapler	dabbāsa (f)	دبّاسة
hole punch	χarrāma (m)	خرّامة
pencil sharpener	barrāya (f)	برّاية

82. Kinds of business

accounting services	χedamāt moḥasba (pl)	خدمات محاسبة
advertising	e'lān (m)	إعلان
advertising agency	wekālet e'lān (f)	وكالة إعلان
air-conditioners	takyīf (m)	تكييف
airline	ʃerket ṭayarān (f)	شركة طيران
alcoholic beverages	maʃrūbāt koḥūliya (pl)	مشروبات كحوليّة

antiques (antique dealers)	toḥaf (pl)	تحف
art gallery (contemporary ~)	maʿraḍ fanny (m)	معرض فنّي
audit services	χedamāt faḥṣ el ḥesābāt (pl)	خدمات فحص الحسابات
banking industry	el qeṭāʿ el maṣrefy (m)	القطاع المصرفي
bar	bār (m)	بار
beauty parlor	ṣalone tagmīl (m)	صالون تجميل
bookstore	maḥal kotob (m)	محل كتب
brewery	maṣnaʿ bīra (m)	مصنع بيرة
business center	markaz tegāry (m)	مركز تجاري
business school	kolliyet edāret el aʿmāl (f)	كليّة إدارة الأعمال
casino	kazino (m)	كازينو
construction	benāʾ (m)	بناء
consulting	esteʃāra (f)	إستشارة
dental clinic	ʿeyādet asnān (f)	عيادة أسنان
design	taṣmīm (m)	تصميم
drugstore, pharmacy	ṣaydaliya (f)	صيدليّة
dry cleaners	dray klīn (m)	دراي كلين
employment agency	wekālet tawẓīf (f)	وكالة توّظيف
financial services	χedamāt māliya (pl)	خدمات ماليّة
food products	akl (m)	أكل
funeral home	maktab motaʿahhed el dafn (m)	مكتب متعهّد الدفن
furniture (e.g., house ~)	asās (m)	أثاث
clothing, garment	malābes (pl)	ملابس
hotel	fondoʾ (m)	فندق
ice-cream	ʾays krīm (m)	آيس كريم
industry (manufacturing)	ṣenāʿa (f)	صناعة
insurance	taʾmīn (m)	تأمين
Internet	internet (m)	إنترنت
investments (finance)	estesmarāt (pl)	إستثمارات
jeweler	ṣāʾeɣ (m)	صائغ
jewelry	mogawharāt (pl)	مجوّهرات
laundry (shop)	maɣsala (f)	مغسلة
legal advisor	χedamāt qanūniya (pl)	خدمات قانونيّة
light industry	ṣenāʿa χafīfa (f)	صناعة خفيفة
magazine	magalla (f)	مجلّة
mail-order selling	beyʿ be neẓām el barīd (m)	بيع بنظام البريد
medicine	ṭebb (m)	طبّ
movie theater	sinema (f)	سينما
museum	mat-ḥaf (m)	متحف
news agency	wekāla eχbariya (f)	وكالة إخبارية
newspaper	garīda (f)	جريدة

nightclub	malha leyly (m)	ملهى ليّلي
oil (petroleum)	nafṭ (m)	نفط
courier services	χedamāt el ʃaḥn (pl)	خدمات الشحن
pharmaceutics	ṣaydala (f)	صيدلة
printing (industry)	ṭebā'a (f)	طباعة
publishing house	dar el ṭebā'a wel naʃr (f)	دار الطباعة والنشر
radio (~ station)	radio (m)	راديو
real estate	'eqarāt (pl)	عقارات
restaurant	maṭ'am (m)	مطعم
security company	ʃerket amn (f)	شركة أمن
sports	reyāḍa (f)	رياضة
stock exchange	borṣa (f)	بورصة
store	maḥal (m)	محل
supermarket	subermarket (m)	سوبرماركت
swimming pool (public ~)	ḥammām sebāḥa (m)	حمّام سباحة
tailor shop	maḥal χeyāṭa (m)	محل خياطة
television	televizion (m)	تليفزيون
theater	masraḥ (m)	مسرح
trade (commerce)	tegāra (f)	تجارة
transportation	wasā'el el na'l (pl)	وسائل النقل
travel	safar (m)	سفر
veterinarian	doktore beṭary (m)	دكتور بيطري
warehouse	mostawda' (m)	مستودّع
waste collection	gama' el nefayāt (m)	جمع النفايات

Job. Business. Part 2

83. Show. Exhibition

exhibition, show	maʿraḍ (m)	معرض
trade show	maʿraḍ tegāry (m)	معرض تجاري
participation	eʃterāk (m)	إشتراك
to participate (vi)	ʃārek	شارك
participant (exhibitor)	moʃtarek (m)	مشترك
director	modīr (m)	مدير
organizers' office	maktab el monaẓẓemīn (m)	مكتب المنظّمين
organizer	monazzem (m)	منظّم
to organize (vt)	nazzam	نظّم
participation form	estemāret el eʃterak (f)	إستمارة الإشتراك
to fill out (vt)	mala	ملأ
details	tafaṣīl (pl)	تفاصيل
information	esteʿlamāt (pl)	إستعلامات
price (cost, rate)	seʿr (m)	سعر
including	bema feyh	بما فيه
to include (vt)	taḍamman	تضمّن
to pay (vi, vt)	dafaʿ	دفع
registration fee	rosūm el tasgīl (pl)	رسوم التسجيل
entrance	madχal (m)	مدخل
pavilion, hall	genāḥ (m)	جناح
to register (vt)	saggel	سجّل
badge (identity tag)	ʃāra (f)	شارة
booth, stand	koʃk (m)	كشك
to reserve, to book	ḥagaz	حجز
display case	vatrīna (f)	فترينة
spotlight	kasʃāf el nūr (m)	كشّاف النور
design	taṣmīm (m)	تصميم
to place (put, set)	ḥaṭṭ	حطّ
distributor	mowazzeʿ (m)	موزّع
supplier	mowarred (m)	مورد
country	balad (m)	بلد
foreign (adj)	agnaby	أجنبي
product	montag (m)	منتج

association	gamʿiya (f)	جمعيّة
conference hall	qāʿet el moʿtamarāt (f)	قاعة المؤتمرات
congress	moʾtamar (m)	مؤتمر
contest (competition)	mosabʾa (f)	مسابقة
visitor (attendee)	zāʾer (m)	زائر
to visit (attend)	ḥaḍar	حضر
customer	zobūn (m)	زبون

84. Science. Research. Scientists

science	ʿelm (m)	علم
scientific (adj)	ʿelmy	علمي
scientist	ʿālem (m)	عالم
theory	naẓariya (f)	نظريّة
axiom	badīhiya (f)	بديهيّة
analysis	taḥlīl (m)	تحليل
to analyze (vt)	ḥallel	حلّل
argument (strong ~)	borhān (m)	برهان
substance (matter)	madda (f)	مادّة
hypothesis	faraḍiya (f)	فرضيّة
dilemma	moʿḍela (f)	معضلة
dissertation	resāla ʿelmiya (f)	رسالة علميّة
dogma	ʿaqīda (f)	عقيدة
doctrine	mazhab (m)	مذهب
research	baḥs (m)	بحث
to research (vt)	baḥs	بحث
tests (laboratory ~)	eχtebārāt (pl)	إختبارات
laboratory	moχtabar (m)	مختبر
method	manhag (m)	منهج
molecule	gozayeʾ (m)	جزيء
monitoring	reqāba (f)	رقابة
discovery (act, event)	ekteʃāf (m)	إكتشاف
postulate	mosallama (f)	مسلّمة
principle	mabdaʾ (m)	مبدأ
forecast	tanabboʾ (m)	تنبّؤ
to forecast (vt)	tanabbaʾ	تنبّأ
synthesis	tarkīb (m)	تركيب
trend (tendency)	ettegāh (m)	إتّجاه
theorem	naẓariya (f)	نظريّة
teachings	taʿalīm (pl)	تعاليم
fact	ḥaʾīʾa (f)	حقيقة
expedition	beʿsa (f)	بعثة

experiment	tagreba (f)	تجربة
academician	akadīmy (m)	أكاديمي
bachelor (e.g., ~ of Arts)	bakaleryūs (m)	بكالوريوس
doctor (PhD)	doktore (m)	دكتور
Associate Professor	ostāz moʃārek (m)	أستاذ مشارك
Master (e.g., ~ of Arts)	maʒestīr (m)	ماجستير
professor	brofessor (m)	بروفيسور

Professions and occupations

85. Job search. Dismissal

job	ʻamal (m)	عمل
staff (work force)	kawādir (pl)	كوادر
personnel	ṭāqem el ʻāmelīn (m)	طاقم العاملين
career	mehna (f)	مهنة
prospects (chances)	ʼāfāq (pl)	آفاق
skills (mastery)	maharāt (pl)	مهارات
selection (screening)	eχteyār (m)	إختيار
employment agency	wekālet tawẓīf (f)	وكالة توّظيف
résumé	sīra zātiya (f)	سيرة ذاتيّة
job interview	moʼablet ʻamal (f)	مقابلة عمل
vacancy, opening	wazīfa χaleya (f)	وظيفة خالية
salary, pay	morattab (m)	مرتّب
fixed salary	rāteb sābet (m)	راتب ثابت
pay, compensation	ogra (f)	أجرة
position (job)	manṣeb (m)	منصب
duty (of employee)	wāgeb (m)	واجب
range of duties	magmūʻa men el wāgebāt (f)	مجموعة من الواجبات
busy (I'm ~)	maʃɣūl	مشغول
to fire (dismiss)	rafad	رفد
dismissal	eqāla (m)	إقالة
unemployment	baṭāla (f)	بطالة
unemployed (n)	ʻāṭel (m)	عاطل
retirement	maʻāʃ (m)	معاش
to retire (from job)	oḥīl ʻala el maʻāʃ	أحيل على المعاش

86. Business people

director	modīr (m)	مدير
manager (director)	modīr (m)	مدير
boss	raʼīs (m)	رئيس
superior	motafawweq (m)	متفوّق
superiors	roʼasāʼ (pl)	رؤساء

president	ra'īs (m)	رئيس
chairman	ra'īs (m)	رئيس
deputy (substitute)	nā'eb (m)	نائب
assistant	mosā'ed (m)	مساعد
secretary	sekerteyr (m)	سكرتير
personal assistant	sekerteyr χāṣ (m)	سكرتير خاص
businessman	ragol a'māl (m)	رجل أعمال
entrepreneur	rā'ed a'māl (m)	رائد أعمال
founder	mo'asses (m)	مؤسّس
to found (vt)	asses	أسّس
incorporator	mo'asses (m)	مؤسّس
partner	ʃerīk (m)	شريك
stockholder	mālek el as-hom (m)	مالك الأسهم
millionaire	millyonīr (m)	مليونير
billionaire	milliardīr (m)	ملياردير
owner, proprietor	ṣāḥeb (m)	صاحب
landowner	ṣāḥeb el arḍ (m)	صاحب الأرض
client	'amīl (m)	عميل
regular client	'amīl dā'em (m)	عميل دائم
buyer (customer)	moʃtary (m)	مشتري
visitor	zā'er (m)	زائر
professional (n)	moḥtaref (m)	محترف
expert	χabīr (m)	خبير
specialist	motaχaṣṣeṣ (m)	متخصّص
banker	ṣāḥeb maṣraf (m)	صاحب مصرف
broker	semsār (m)	سمسار
cashier, teller	'āmel kaʃier (m)	عامل كاشيير
accountant	muḥāseb (m)	محاسب
security guard	ḥāres amn (m)	حارس أمن
investor	mostasmer (m)	مستثمر
debtor	modīn (m)	مدين
creditor	dā'en (m)	دائن
borrower	moqtareḍ (m)	مقترض
importer	mostawred (m)	مستورّد
exporter	moṣadder (m)	مصدّر
manufacturer	el ʃerka el moṣanne'a (f)	الشركة المصنّعة
distributor	mowazze' (m)	موزّع
middleman	wasīṭ (m)	وسيط
consultant	mostaʃār (m)	مستشار

sales representative	mandūb mabi'āt (m)	مندوب مبيعات
agent	wakīl (m)	وكيل
insurance agent	wakīl el ta'mīn (m)	وكيل التأمين

87. Service professions

cook	ṭabbāχ (m)	طبّاخ
chef (kitchen chef)	el ʃeyf (m)	الشيف
baker	χabbāz (m)	خبّاز
bartender	bārman (m)	بارمان
waiter	garsone (m)	جرسون
waitress	garsona (f)	جرسونة
lawyer, attorney	muḥāmy (m)	محامي
lawyer (legal expert)	muḥāmy χabīr qanūny (m)	محامي خبير قانوني
notary	mowassaq (m)	موثّق
electrician	kahrabā'y (m)	كهربائي
plumber	samkary (m)	سمكري
carpenter	naggār (m)	نجّار
masseur	modallek (m)	مدلّك
masseuse	modalleka (f)	مدلّكة
doctor	doktore (m)	دكتور
taxi driver	sawwā' taksi (m)	سوّاق تاكسي
driver	sawwā' (m)	سوّاق
delivery man	rāgel el delivery (m)	راجل الديلفري
chambermaid	'āmela tandīf ɣoraf (f)	عاملة تنظيف غرف
security guard	ḥāres amn (m)	حارس أمن
flight attendant (fem.)	moḍīfet ṭayarān (f)	مضيفة طيران
schoolteacher	modarres madrasa (m)	مدرّس مدرسة
librarian	amīn maktaba (m)	أمين مكتبة
translator	motargem (m)	مترجم
interpreter	motargem fawwry (m)	مترجم فوّري
guide	morʃed (m)	مرشد
hairdresser	ḥallā' (m)	حلّاق
mailman	sā'y el barīd (m)	ساعي البريد
salesman (store staff)	bayā' (m)	بيّاع
gardener	bostāny (m)	بستاني
domestic servant	χādema (m)	خادمة
maid (female servant)	χadema (f)	خادمة
cleaner (cleaning lady)	'āmela tandīf (f)	عاملة تنظيف

88. Military professions and ranks

private	gondy (m)	جنّدي
sergeant	raqīb tāny (m)	رقيب تاني
lieutenant	molāzem tāny (m)	ملازم تاني
captain	naqīb (m)	نقيب
major	rā'ed (m)	رائد
colonel	'aqīd (m)	عقيد
general	ʒenerāl (m)	جنرال
marshal	marʃāl (m)	مارشال
admiral	amerāl (m)	أميرال
military (n)	'askary (m)	عسكري
soldier	gondy (m)	جنّدي
officer	ḍābeṭ (m)	ضابط
commander	qā'ed (m)	قائد
border guard	ḥaras ḥodūd (m)	حرس حدود
radio operator	'āmel lāselky (m)	عامل لاسلكي
scout (searcher)	rā'ed mostakʃef (m)	رائد مستكشف
pioneer (sapper)	mohandes 'askary (m)	مهندس عسكري
marksman	rāmy (m)	رامي
navigator	mallāḥ (m)	ملّاح

89. Officials. Priests

king	malek (m)	ملك
queen	maleka (f)	ملكة
prince	amīr (m)	أمير
princess	amīra (f)	أميرة
czar	qayṣar (m)	قيصر
czarina	qayṣara (f)	قيصرة
president	ra'īs (m)	رئيس
Secretary (minister)	wazīr (m)	وزير
prime minister	ra'īs wozarā' (m)	رئيس وزراء
senator	'oḍw magles el ʃoyūχ (m)	عضو مجلس الشيوخ
diplomat	deblomāsy (m)	دبلوماسي
consul	qonṣol (m)	قنصل
ambassador	safīr (m)	سفير
counsilor (diplomatic officer)	mostaʃār (m)	مستشار
official, functionary (civil servant)	mowazzaf (m)	موظّف

prefect	ra'īs edāret el ḥayī (m)	رئيس إدارة الحي
mayor	ra'īs el baladiya (m)	رئيس البلديّة
judge	qāḍy (m)	قاضي
prosecutor (e.g., district attorney)	el na'eb el 'ām (m)	النائب العام
missionary	mobasʃer (m)	مبشّر
monk	rāheb (m)	راهب
abbot	ra'īs el deyr (m)	رئيس الدير
rabbi	ḥaχām (m)	حاخام
vizier	wazīr (m)	وزير
shah	ʃāh (m)	شاه
sheikh	ʃɛyχ (m)	شيخ

90. Agricultural professions

beekeeper	naḥḥāl (m)	نحّال
herder, shepherd	rā'y (m)	راعي
agronomist	mohandes zerā'y (m)	مهندس زراعي
cattle breeder	morabby el mawāʃy (m)	مربّي المواشي
veterinarian	doktore beṭary (m)	دكتور بيطري
farmer	mozāre' (m)	مزارع
winemaker	ṣāne' el χamr (m)	صانع الخمر
zoologist	χabīr fe 'elm el ḥayawān (m)	خبير في علم الحيوان
cowboy	rā'y el ba'ar (m)	راعي البقر

91. Art professions

actor	momassel (m)	ممثّل
actress	momassela (f)	ممثّلة
singer (masc.)	moṭreb (m)	مطرب
singer (fem.)	moṭreba (f)	مطربة
dancer (masc.)	rāqeṣ (m)	راقص
dancer (fem.)	ra'āṣa (f)	راقصة
performer (masc.)	fannān (m)	فنّان
performer (fem.)	fannāna (f)	فنّانة
musician	'āzef (m)	عازف
pianist	'āzef biano (m)	عازف بيانو
guitar player	'āzef guitar (m)	عازف جيتار
conductor (orchestra ~)	qā'ed orkestra (m)	قائد أوركسترا

composer	molaḥḥen (m)	ملحّن
impresario	modīr fer'a (m)	مدير فرقة
film director	moχreg aflām (m)	مخرج أفلام
producer	monteg (m)	منتج
scriptwriter	kāteb senario (m)	كاتب سيناريو
critic	nāqed (m)	ناقد
writer	kāteb (m)	كاتب
poet	ʃā'er (m)	شاعر
sculptor	naḥḥāt (m)	نحّات
artist (painter)	rassām (m)	رسّام
juggler	bahlawān (m)	بهلوان
clown	aragoze (m)	أراجوز
acrobat	bahlawān (m)	بهلوان
magician	sāḥer (m)	ساحر

92. Various professions

doctor	doktore (m)	دكتور
nurse	momarreḍa (f)	ممرّضة
psychiatrist	doktore nafsāny (m)	دكتور نفساني
dentist	doktore asnān (m)	دكتور أسنان
surgeon	garrāḥ (m)	جرّاح
astronaut	rā'ed faḍā' (m)	رائد فضاء
astronomer	'ālem falak (m)	عالم فلك
pilot	ṭayār (m)	طيّار
driver (of taxi, etc.)	sawwā' (m)	سوّاق
engineer (train driver)	sawwā' (m)	سوّاق
mechanic	mikanīky (m)	ميكانيكي
miner	'āmel mangam (m)	عامل منجم
worker	'āmel (m)	عامل
locksmith	'affāl (m)	قفّال
joiner (carpenter)	naggār (m)	نجّار
turner (lathe machine operator)	χarrāṭ (m)	خرّاط
construction worker	'āmel benā' (m)	عامل بناء
welder	laḥḥām (m)	لحّام
professor (title)	brofessor (m)	بروفيسور
architect	mohandes me'māry (m)	مهندس معماري
historian	mo'arreχ (m)	مؤرّخ
scientist	'ālem (m)	عالم
physicist	fizyā'y (m)	فيزيائي
chemist (scientist)	kemyā'y (m)	كيميائي
archeologist	'ālem'āsār (m)	عالم آثار

geologist	ʒeoloʒy (m)	جيولوجي
researcher (scientist)	bāḥes (m)	باحث
babysitter	dāda (f)	دادة
teacher, educator	mo'allem (m)	معلّم
editor	moḥarrer (m)	محرّر
editor-in-chief	ra'īs taḥrīr (m)	رئيس تحرير
correspondent	morāsel (m)	مراسل
typist (fem.)	kāteba 'ala el 'āla el kāteba (f)	كاتبة على الآلة الكاتبة
designer	moṣammem (m)	مصمّم
computer expert	motaχaṣṣeṣ bel kombuter (m)	متخصّص بالكمبيوتر
programmer	mobarmeg (m)	مبرمج
engineer (designer)	mohandes (m)	مهندس
sailor	baḥḥār (m)	بحّار
seaman	baḥḥār (m)	بحّار
rescuer	monqez (m)	منقذ
fireman	rāgel el maṭāfy (m)	راجل المطافئ
police officer	ʃorṭy (m)	شرطي
watchman	ḥāres (m)	حارس
detective	moḥaqqeq (m)	محقّق
customs officer	mowazzaf el gamārek (m)	موظّف الجمارك
bodyguard	ḥāres ʃaχṣy (m)	حارس شخصي
prison guard	ḥāres segn (m)	حارس سجن
inspector	mofatteʃ (m)	مفتّش
sportsman	reyāḍy (m)	رياضي
trainer, coach	modarreb (m)	مدرّب
butcher	gazzār (m)	جزّار
cobbler (shoe repairer)	eskāfy (m)	إسكافي
merchant	tāger (m)	تاجر
loader (person)	ʃayāl (m)	شيّال
fashion designer	moṣammem azyā' (m)	مصمّم أزياء
model (fem.)	modeyl (f)	موديل

93. Occupations. Social status

schoolboy	talmīz (m)	تلميذ
student (college ~)	ṭāleb (m)	طالب
philosopher	faylasūf (m)	فيلسوف
economist	eqtiṣādy (m)	إقتصادي
inventor	moχtare' (m)	مخترع

unemployed (n)	ʿāṭel (m)	عاطل
retiree	motaqāʿed (m)	متقاعد
spy, secret agent	gasūs (m)	جاسوس
prisoner	sagīn (m)	سجين
striker	moḍrab (m)	مضرب
bureaucrat	buroqrāṭy (m)	بيروقراطي
traveler (globetrotter)	raḥḥāla (m)	رحّالة
gay, homosexual (n)	ʃāz (m)	شاذ
hacker	haker (m)	هاكِر
hippie	hippi (m)	هيبِي
bandit	qāṭeʿ ṭarī' (m)	قاطع طريق
hit man, killer	qātel ma'gūr (m)	قاتل مأجور
drug addict	modmen moχaddarāt (m)	مدمن مخدّرات
drug dealer	tāger moχaddarāt (m)	تاجِر مخدّرات
prostitute (fem.)	mommos (f)	مومِس
pimp	qawwād (m)	قوّاد
sorcerer	sāḥer (m)	ساحر
sorceress (evil ~)	sāḥera (f)	ساحرة
pirate	'orṣān (m)	قرصان
slave	ʿabd (m)	عبد
samurai	samuray (m)	ساموراي
savage (primitive)	motawaḥḥeʃ (m)	متوحّش

Education

94. School

school	madrasa (f)	مدرسة
principal (headmaster)	modīr el madrasa (m)	مدير المدرسة
pupil (boy)	talmīz (m)	تلميذ
pupil (girl)	telmīza (f)	تلميذة
schoolboy	talmīz (m)	تلميذ
schoolgirl	telmīza (f)	تلميذة
to teach (sb)	‘allem	علّم
to learn (language, etc.)	ta‘allam	تعلّم
to learn by heart	ḥafaẓ	حفظ
to learn (~ to count, etc.)	ta‘allam	تعلّم
to be in school	daras	درس
to go to school	rāḥ el madrasa	راح المدرسة
alphabet	abgadiya (f)	أبجدية
subject (at school)	madda (f)	مادّة
classroom	faṣl (m)	فصل
lesson	dars (m)	درس
recess	estrāḥa (f)	إستراحة
school bell	garas el madrasa (m)	جرس المدرسة
school desk	disk el madrasa (m)	ديسك المدرسة
chalkboard	sabbūra (f)	سبّورة
grade	daraga (f)	درجة
good grade	daraga kewayesa (f)	درجة كويسة
bad grade	daraga meʃ kewayesa (f)	درجة مش كويسة
to give a grade	edda daraga	إدّى درجة
mistake, error	χaṭa’ (m)	خطأ
to make mistakes	aχṭa’	أخطأ
to correct (an error)	ṣaḥḥaḥ	صحّح
cheat sheet	berʃām (m)	برشام
homework	wāgeb (m)	واجب
exercise (in education)	tamrīn (m)	تمرين
to be present	ḥaḍar	حضر
to be absent	ɣāb	غاب
to miss school	taɣeyyab ‘an el madrasa	تغيّب عن المدرسة

to punish (vt)	ʿāqab	عاقب
punishment	ʿeqāb (m)	عقاب
conduct (behavior)	solūk (m)	سلوك
report card	el taqrīr el madrasy (m)	التقرير المدرسي
pencil	ʾalam roṣāṣ (m)	قلم رصاص
eraser	astīka (f)	استيكة
chalk	ṭabaʃīr (m)	طباشير
pencil case	maʾlama (f)	مقلمة
schoolbag	ʃanṭet el madrasa (f)	شنطة المدرسة
pen	ʾalam (m)	قلم
school notebook	daftar (m)	دفتر
textbook	ketāb taʿlīm (m)	كتاب تعليم
compasses	bargal (m)	برجل
to make technical drawings	rasam rasm teqany	رسم رسم تقني
technical drawing	rasm teqany (m)	رسم تقني
poem	ʾaṣīda (f)	قصيدة
by heart (adv)	ʿan ẓahr qalb	عن ظهر قلب
to learn by heart	ḥafaẓ	حفظ
school vacation	agāza (f)	أجازة
to be on vacation	ʿando agāza	عنده أجازة
to spend one's vacation	ʾaḍa el agāza	قضى الأجازة
test (written math ~)	emteḥān (m)	إمتحان
essay (composition)	enʃāʾ (m)	إنشاء
dictation	emlāʾ (m)	إملاء
exam (examination)	emteḥān (m)	إمتحان
to take an exam	ʿamal emteḥān	عمل إمتحان
experiment (e.g., chemistry ~)	tagreba (f)	تجربة

95. College. University

academy	akademiya (f)	أكاديميّة
university	gamʿa (f)	جامعة
faculty (e.g., ~ of Medicine)	kolliya (f)	كلّيّة
student (masc.)	ṭāleb (m)	طالب
student (fem.)	ṭāleba (f)	طالبة
lecturer (teacher)	muḥāḍer (m)	محاضر
lecture hall, room	modarrag (m)	مدرّج
graduate	motaχarreg (m)	متخرّج
diploma	dibloma (f)	دبلومة

dissertation	resāla ʿelmiya (f)	رسالة علميّة
study (report)	derāsa (f)	دراسة
laboratory	moχtabar (m)	مختبر
lecture	moḥaḍra (f)	محاضرة
coursemate	zamīl fel ṣaff (m)	زميل في الصفّ
scholarship	menḥa derāsiya (f)	منحة دراسيّة
academic degree	daraga ʿelmiya (f)	درجة علميّة

96. Sciences. Disciplines

mathematics	reyāḍīāt (pl)	رياضيّات
algebra	el gabr (m)	الجبر
geometry	handasa (f)	هندسة
astronomy	ʿelm el falak (m)	علم الفلك
biology	al aḥya' (m)	الأحياء
geography	goɣrafia (f)	جغرافيا
geology	ʒeoloʒia (f)	جيولوجيا
history	tarīχ (m)	تاريخ
medicine	ṭebb (m)	طبّ
pedagogy	tarbeya (f)	تربية
law	qanūn (m)	قانون
physics	fezya' (f)	فيزياء
chemistry	kemya' (f)	كيمياء
philosophy	falsafa (f)	فلسفة
psychology	ʿelm el nafs (m)	علم النفس

97. Writing system. Orthography

grammar	el naḥw wel ṣarf (m)	النحو والصرف
vocabulary	mofradāt el loɣa (pl)	مفردات اللغة
phonetics	ṣawtīāt (pl)	صوتيات
noun	esm (m)	اسم
adjective	ṣefa (f)	صفة
verb	feʿl (m)	فعل
adverb	ẓarf (m)	ظرف
pronoun	ḍamīr (m)	ضمير
interjection	oslūb el taʿaggob (m)	أسلوب التعجّب
preposition	ḥarf el garr (m)	حرف الجرّ
root	gezr el kelma (m)	جذر الكلمة
ending	nehāya (f)	نهاية
prefix	sabaeqa (f)	سابقة

syllable	maqṭa' lafzy (m)	مقطع لفظي
suffix	lāḥeqa (f)	لاحقة
stress mark	nabra (f)	نبرة
apostrophe	'alāmet ḥazf (f)	علامة حذف
period, dot	no'ṭa (f)	نقطة
comma	faṣla (f)	فاصلة
semicolon	no'ṭa w faṣla (f)	نقطة وفاصلة
colon	no'ṭeteyn (pl)	نقطتين
ellipsis	talat no'aṭ (pl)	ثلاث نقط
question mark	'alāmet estefhām (f)	علامة إستفهام
exclamation point	'alāmet ta'aggob (f)	علامة تعجّب
quotation marks	'alamāt el eqtebās (pl)	علامات الإقتباس
in quotation marks	beyn 'alamaty el eqtebās	بين علامتي الاقتباس
parenthesis	qoseyn (du)	قوسين
in parenthesis	beyn el qoseyn	بين القوسين
hyphen	'alāmet waṣl (f)	علامة وصل
dash	ʃorṭa (f)	شرطة
space (between words)	farāɣ (m)	فراغ
letter	ḥarf (m)	حرف
capital letter	ḥarf kebīr (m)	حرف كبير
vowel (n)	ḥarf ṣauty (m)	حرف صوتي
consonant (n)	ḥarf sāken (m)	حرف ساكن
sentence	gomla (f)	جملة
subject	fā'el (m)	فاعل
predicate	mosnad (m)	مسند
line	saṭr (m)	سطر
on a new line	men bedāyet el saṭr	من بداية السطر
paragraph	faqra (f)	فقرة
word	kelma (f)	كلمة
group of words	magmū'a men el kelamāt (pl)	مجموعة من الكلمات
expression	moṣṭalaḥ (m)	مصطلح
synonym	morādef (m)	مرادف
antonym	motaḍād loɣawy (m)	متضاد لغوي
rule	qa'eda (f)	قاعدة
exception	estesnā' (m)	إستثناء
correct (adj)	ṣaḥīḥ	صحيح
conjugation	ṣarf (m)	صرف
declension	taṣrīf el asmā' (m)	تصريف الأسماء
nominal case	ḥāla esmiya (f)	حالة أسمية

question	so'āl (m)	سؤال
to underline (vt)	ḥaṭṭ χaṭṭ taḥt	حطّ خطّ تحت
dotted line	χaṭṭ mena''aṭ (m)	خطّ منقّط

98. Foreign languages

language	loɣa (f)	لغة
foreign (adj)	agnaby	أجنبيّ
foreign language	loɣa agnabiya (f)	لغة أجنبية
to study (vt)	daras	درس
to learn (language, etc.)	ta'allam	تعلّم
to read (vi, vt)	'ara	قرأ
to speak (vi, vt)	kallem	كلّم
to understand (vt)	fehem	فهم
to write (vt)	katab	كتب
fast (adv)	bosor'a	بسرعة
slowly (adv)	bo boṭ'	ببطء
fluently (adv)	beṭalāqa	بطلاقة
rules	qawā'ed (pl)	قواعد
grammar	el naḥw wel ṣarf (m)	النحو والصرف
vocabulary	mofradāt el loɣa (pl)	مفردات اللغة
phonetics	ṣawtīāt (pl)	صوتيات
textbook	ketāb ta'līm (m)	كتاب تعليم
dictionary	qamūs (m)	قاموس
teach-yourself book	ketāb ta'līm zāty (m)	كتاب تعليم ذاتي
phrasebook	ketāb lel 'ebarāt el ʃā'e'a (m)	كتاب للعبارت الشائعة
cassette, tape	kasett (m)	كاسيت
videotape	ʃerī'ṭ video (m)	شريط فيديو
CD, compact disc	sidī (m)	سي دي
DVD	dividī (m)	دي في دي
alphabet	abgadiya (f)	أبجدية
to spell (vt)	tahagga	تهجّى
pronunciation	noṭ' (m)	نطق
accent	lahga (f)	لهجة
with an accent	be lahga	بـ لهجة
without an accent	men ɣeyr lahga	من غير لهجة
word	kelma (f)	كلمة
meaning	ma'na (m)	معنى
course (e.g., a French ~)	dawra (f)	دورة
to sign up	saggel esmo	سجّل إسمه

teacher	modarres (m)	مدرّس
translation (process)	targama (f)	ترجمة
translation (text, etc.)	targama (f)	ترجمة
translator	motargem (m)	مترجم
interpreter	motargem fawwry (m)	مترجم فوّري
polyglot	ʿalīm beʿeddet loɣāt (m)	عليم بعدّة لغات
memory	zākera (f)	ذاكرة

Rest. Entertainment. Travel

99. Trip. Travel

tourism, travel	seyāḥa (f)	سياحة
tourist	sā'eḥ (m)	سائح
trip, voyage	reḥla (f)	رحلة
adventure	moɣamra (f)	مغامرة
trip, journey	reḥla (f)	رحلة
vacation	agāza (f)	أجازة
to be on vacation	kān fi agāza	كان في أجازة
rest	estrāḥa (f)	إستراحة
train	qeṭār, 'aṭṭr (m)	قطار
by train	bel qeṭār - bel aṭṭr	بالقطار
airplane	ṭayāra (f)	طيّارة
by airplane	bel ṭayāra	بالطيّارة
by car	bel sayāra	بالسيّارة
by ship	bel safīna	بالسفينة
luggage	el ʃonaṭ (pl)	الشنط
suitcase	ʃanṭa (f)	شنطة
luggage cart	'arabet ʃonaṭ (f)	عربة شنط
passport	basbore (m)	باسبور
visa	ta'ʃīra (f)	تأشيرة
ticket	tazkara (f)	تذكرة
air ticket	tazkara ṭayarān (f)	تذكرة طيران
guidebook	dalīl (m)	دليل
map (tourist ~)	xarīṭa (f)	خريطة
area (rural ~)	mante'a (f)	منطقة
place, site	makān (m)	مكان
exotica (n)	ɣarāba (f)	غرابة
exotic (adj)	ɣarīb	غريب
amazing (adj)	mod-heʃ	مدهش
group	magmū'a (f)	مجموعة
excursion, sightseeing tour	gawla (f)	جولة
guide (person)	morʃed (m)	مرشد

100. Hotel

hotel	fondo' (m)	فندق
motel	motel (m)	موتيل
three-star (~ hotel)	talat nogūm	ثلاث نجوم
five-star	χamas nogūm	خمس نجوم
to stay (in a hotel, etc.)	nezel	نزل
room	oḍa (f)	أوضة
single room	owḍa le ʃaχṣ wāḥed (f)	أوضة لشخص واحد
double room	oḍa le ʃaχṣeyn (f)	أوضة لشخصين
to book a room	ḥagaz owḍa	حجز أوضة
half board	wagbeteyn fel yome (du)	وجبتين في اليوم
full board	talat wagabāt fel yome	ثلاث وجبات في اليوم
with bath	bel banyo	بـ البانيو
with shower	bel doʃ	بالدوش
satellite television	televizion be qanawāt faḍā'iya (m)	تليفزيون بقنوات فضائية
air-conditioner	takyīf (m)	تكييف
towel	fūṭa (f)	فوطة
key	meftāḥ (m)	مفتاح
administrator	modīr (m)	مدير
chambermaid	ʿāmela tandīf ɣoraf (f)	عاملة تنظيف غرف
porter, bellboy	ʃayāl (m)	شيّال
doorman	bawwāb (m)	بوّاب
restaurant	maṭʿam (m)	مطعم
pub, bar	bār (m)	بار
breakfast	foṭūr (m)	فطور
dinner	ʿaʃā' (m)	عشاء
buffet	bofeyh (m)	بوفيه
lobby	rad-ha (f)	ردهة
elevator	asanseyr (m)	اسانسير
DO NOT DISTURB	nargu ʿadam el ezʿāg	نرجو عدم الإزعاج
NO SMOKING	mamnūʿ el tadχīn	ممنوع التدخين

TECHNICAL EQUIPMENT. TRANSPORTATION

Technical equipment

101. Computer

computer	kombuter (m)	كمبيوتر
notebook, laptop	lab tob (m)	لابتوب
to turn on	fataḥ, ʃagɣal	فتح, شغّل
to turn off	ṭaffa	طفّى
keyboard	lawḥet el mafatīḥ (f)	لوحة المفاتيح
key	meftāḥ (m)	مفتاح
mouse	maws (m)	ماوس
mouse pad	maws bād (m)	ماوس باد
button	zerr (m)	زرّ
cursor	mo'asʃer (m)	مؤشّر
monitor	ʃāʃa (f)	شاشة
screen	ʃāʃa (f)	شاشة
hard disk	hard disk (m)	هارد ديسك
hard disk capacity	se'et el hard disk (f)	سعة الهارد ديسك
memory	zākera (f)	ذاكرة
random access memory	zākerat el woṣūl el 'aʃwā'y (f)	ذاكرة الوصول العشوائي
file	malaff (m)	ملفّ
folder	ḥāfeza (m)	حافظة
to open (vt)	fataḥ	فتح
to close (vt)	'afal	قفل
to save (vt)	ḥafaẓ	حفظ
to delete (vt)	masaḥ	مسح
to copy (vt)	nasaχ	نسخ
to sort (vt)	ṣannaf	صنّف
to transfer (copy)	na'al	نقل
program	barnāmeg (m)	برنامج
software	barmagīāt (pl)	برمجيّات
programmer	mobarmeg (m)	مبرمج
to program (vt)	barmag	برمج
hacker	haker (m)	هاكر

password	kelmet el serr (f)	كلمة السرّ
virus	virūs (m)	فيروس
to find, to detect	la'a	لقى
byte	byte (m)	بايت
megabyte	megabayt (m)	ميجا بايت
data	bayanāt (pl)	بيانات
database	qa'edet bayanāt (f)	قاعدة بيانات
cable (USB, etc.)	kabl (m)	كابل
to disconnect (vt)	faṣal	فصل
to connect (sth to sth)	waṣṣal	وصّل

102. Internet. E-mail

Internet	internet (m)	إنترنت
browser	motaṣaffeḥ (m)	متصفّح
search engine	moḥarrek baḥs (m)	محرك بحث
provider	ʃerket el internet (f)	شركة الإنترنت
webmaster	modīr el mawqe' (m)	مدير الموقع
website	mawqe' elektrony (m)	موقع الكتروني
webpage	ṣafḥet web (f)	صفحة ويب
address (e-mail ~)	'enwān (m)	عنوان
address book	daftar el 'anawīn (m)	دفتر العناوين
mailbox	ṣandū' el barīd (m)	صندوق البريد
mail	barīd (m)	بريد
full (adj)	mumtali'	ممتلىء
message	resāla (f)	رسالة
incoming messages	rasa'el wārda (pl)	رسائل واردة
outgoing messages	rasa'el ṣādra (pl)	رسائل صادرة
sender	morsel (m)	مرسل
to send (vt)	arsal	أرسل
sending (of mail)	ersāl (m)	إرسال
receiver	morsel elayh (m)	مرسل إليه
to receive (vt)	estalam	إستلم
correspondence	morasla (f)	مراسلة
to correspond (vi)	tarāsal	تراسل
file	malaff (m)	ملفّ
to download (vt)	ḥammel	حمّل
to create (vt)	'amal	عمل
to delete (vt)	masaḥ	مسح
deleted (adj)	mamsūḥ	ممسوح

connection (ADSL, etc.)	etteṣāl (m)	إتّصال
speed	sor'a (f)	سرعة
modem	modem (m)	مودم
access	woṣūl (m)	وصول
port (e.g., input ~)	maχrag (m)	مخرج
connection (make a ~)	etteṣāl (m)	إتّصال
to connect to … (vi)	yuwṣel	يوصل
to select (vt)	eχtār	إختار
to search (for …)	baḥs	بحث

103. Electricity

electricity	kahraba' (m)	كهرباء
electric, electrical (adj)	kahrabā'y	كهربائي
electric power plant	maḥaṭṭa kahraba'iya (f)	محطّة كهربائيّة
energy	ṭāqa (f)	طاقة
electric power	ṭāqa kahraba'iya (f)	طاقة كهربائيّة
light bulb	lammba (f)	لمّبة
flashlight	kasʃāf el nūr (m)	كشّاف النور
street light	'amūd el nūr (m)	عمود النور
light	nūr (m)	نور
to turn on	fataḥ, ʃagɣal	فتح, شغّل
to turn off	ṭaffa	طفّى
to turn off the light	ṭaffa el nūr	طفّى النور
to burn out (vi)	etṭafa	إتّطفى
short circuit	dayra kahraba'iya 'aṣīra (f)	دائرة كهربائية قصيرة
broken wire	selk ma'ṭū' (m)	سلك مقطوع
contact (electrical ~)	talāmos (m)	تلامس
light switch	meftāḥ el nūr (m)	مفتاح النور
wall socket	bareza el kaharaba' (f)	بريزة الكهرباء
plug	fīʃet el kahraba' (f)	فيشة الكهرباء
extension cord	selk tawṣīl (m)	سلك توصيل
fuse	fetīl (m)	فتيل
cable, wire	selk (m)	سلك
wiring	aslāk (pl)	أسلاك
ampere	ambere (m)	أمبير
amperage	ʃeddet el tayār (f)	شدّة التيّار
volt	volt (m)	فولت
voltage	el gohd el kaharab'y (m)	الجهد الكهربائي
electrical device	gehāz kahrabā'y (m)	جهاز كهربائي
indicator	mo'asʃer (m)	مؤشّر

electrician	kahrabā'y (m)	كهربائي
to solder (vt)	laḥam	لحم
soldering iron	adat laḥm (f)	إداة لحم
electric current	tayār kahrabā'y (m)	تيّاركهربائي

104. Tools

tool, instrument	adah (f)	أداة
tools	adawāt (pl)	أدوات
equipment (factory ~)	moʿeddāt (pl)	معدّات
hammer	ʃakūʃ (m)	شاكوش
screwdriver	mefakk (m)	مفكّ
ax	fa's (m)	فأس
saw	monʃār (m)	منشار
to saw (vt)	naʃar	نشر
plane (tool)	mesḥāg (m)	مسحاج
to plane (vt)	saḥag	سحج
soldering iron	adat laḥm (f)	إداة لحم
to solder (vt)	laḥam	لحم
file (tool)	mabrad (m)	مبرد
carpenter pincers	kamʃa (f)	كمشة
lineman's pliers	zardiya (f)	زرديّة
chisel	ezmīl (m)	إزميل
drill bit	mesqāb (m)	مثقاب
electric drill	drill kahrabā'y (m)	دريل كهربائي
to drill (vi, vt)	ḥafar	حفر
knife	sekkīna (f)	سكّينة
pocket knife	sekkīnet gīb (m)	سكّينة جيب
blade	ʃafra (f)	شفرة
sharp (blade, etc.)	ḥād	حاد
dull, blunt (adj)	telma	تلمة
to get blunt (dull)	kānet telma	كانت تلمة
to sharpen (vt)	sann	سنّ
bolt	mesmār 'alawoze (m)	مسمار قلاووظ
nut	ṣamūla (f)	صامولة
thread (of a screw)	χaʃχana (f)	خشخنة
wood screw	'alawūz (m)	قلاووظ
nail	mesmār (m)	مسمار
nailhead	rās el mesmār (m)	رأس المسمار
ruler (for measuring)	masṭara (f)	مسطرة
tape measure	ʃerī'ṭ el 'eyās (m)	شريط القياس

spirit level	mizān el maya (m)	ميزان الميّة
magnifying glass	'adasa mokabbera (f)	عدسة مكبّرة
measuring instrument	gehāz 'eyās (m)	جهاز قياس
to measure (vt)	'ās	قاس
scale (of thermometer, etc.)	me'yās (m)	مقياس
readings	qerā'a (f)	قراءة
compressor	kombressor (m)	كومبرسور
microscope	mikroskob (m)	ميكروسكوب
pump (e.g., water ~)	ṭolommba (f)	طلمّبة
robot	robot (m)	روبوت
laser	laser (m)	ليزر
wrench	meftāḥ rabṭ (m)	مفتاح ربط
adhesive tape	laz' (m)	لزق
glue	ṣamɣ (m)	صمغ
sandpaper	wara' ṣanfara (m)	ورق صنفرة
spring	sosta (f)	سوستة
magnet	meɣnaṭīs (m)	مغنطيس
gloves	gwanty (m)	جوانتي
rope	ḥabl (m)	حبل
cord	selk (m)	سلك
wire (e.g., telephone ~)	selk (m)	سلك
cable	kabl (m)	كابل
sledgehammer	marzaba (f)	مرزبة
prybar	'atala (f)	عتلة
ladder	sellem (m)	سلّم
stepladder	sellem na'āl (m)	سلّم نقال
to screw (tighten)	aḥkam el ʃadd	أحكم الشدّ
to unscrew (lid, filter, etc.)	fataḥ	فتح
to tighten (e.g., with a clamp)	kamaʃ	كمش
to glue, to stick	alṣaq	ألصق
to cut (vt)	'aṭa'	قطع
malfunction (fault)	'oṭl (m)	عطل
repair (mending)	taṣlīḥ (m)	تصليح
to repair, to fix (vt)	ṣallaḥ	صلّح
to adjust (machine, etc.)	ḍabaṭ	ضبط
to check (to examine)	eχtabar	إختبر
checking	faḥṣ (m)	فحص
readings	qerā'a (f)	قراءة
reliable, solid (machine)	matīn	متين
complex (adj)	morakkab	مركّب

to rust (get rusted)	ṣada'	صدئ
rusty, rusted (adj)	meṣaddy	مصدّي
rust	ṣada' (m)	صدأ

Transportation

105. Airplane

airplane	ṭayāra (f)	طيّارة
air ticket	tazkara ṭayarān (f)	تذكرة طيران
airline	ʃerket ṭayarān (f)	شركة طيران
airport	maṭār (m)	مطار
supersonic (adj)	χāreq lel ṣote	خارق للصوت
captain	kabten (m)	كابتن
crew	ṭa'm (m)	طقم
pilot	ṭayār (m)	طيّار
flight attendant (fem.)	moḍīfet ṭayarān (f)	مضيفة طيران
navigator	mallāḥ (m)	ملاّح
wings	agneḥa (pl)	أجنحة
tail	deyl (m)	ذيل
cockpit	kabīna (f)	كابينة
engine	motore (m)	موتور
undercarriage (landing gear)	ʿagalāt el hobūṭ (pl)	عجلات الهبوط
turbine	torbīna (f)	توربينة
propeller	marwaḥa (f)	مروّحة
black box	mosaggel el ṭayarān (m)	مسجّل الطيران
yoke (control column)	moqawwed el ṭayāra (m)	مقوّد الطيّارة
fuel	woqūd (m)	وقود
safety card	beṭā'et el salāma (f)	بطاقة السلامة
oxygen mask	mask el oksyʒīn (m)	ماسك الاوكسيجين
uniform	zayī muwaḥḥad (m)	زيّ موحّد
life vest	sotret nagah (f)	سترة نجاة
parachute	baraʃot (m)	باراشوت
takeoff	eqlāʿ (m)	إقلاع
to take off (vi)	aqlaʿet	أقلعت
runway	modarrag el ṭa'erāṭ (m)	مدرّج الطائرات
visibility	ro'ya (f)	رؤية
flight (act of flying)	ṭayarān (m)	طيران
altitude	ertefāʿ (m)	إرتفاع
air pocket	geyb hawā'y (m)	جيب هوائي
seat	meqʿad (m)	مقعد
headphones	sammaʿāt ra'siya (pl)	سمّاعات رأسية

folding tray (tray table)	ṣeniya qabela lel ṭayī (f)	صينية قابلة للطيّ
airplane window	ʃebbāk el ṭayāra (m)	شبّاك الطيّارة
aisle	mamarr (m)	ممرّ

106. Train

train	qeṭār, 'aṭṭr (m)	قطار
commuter train	qeṭār rokkāb (m)	قطار ركّاب
express train	qeṭār saree' (m)	قطار سريع
diesel locomotive	qāṭeret dīzel (f)	قاطرة ديزل
steam locomotive	qāṭera boχariya (f)	قاطرة بخاريّة
passenger car	'araba (f)	عربة
dining car	'arabet el ṭa'ām (f)	عربة الطعام
rails	qoḍbān (pl)	قضبان
railroad	sekka ḥadīdiya (f)	سكّة حديديّة
railway tie	'āreḍa sekket ḥadīd (f)	عارضة سكّة الحديد
platform (railway ~)	raṣīf (m)	رصيف
track (~ 1, 2, etc.)	χaṭṭ (m)	خطّ
semaphore	semafore (m)	سيمافور
station	maḥaṭṭa (f)	محطّة
engineer (train driver)	sawwā' (m)	سوّاق
porter (of luggage)	ʃayāl (m)	شيّال
car attendant	mas'ūl 'arabet el qeṭār (m)	مسؤول عربة القطار
passenger	rākeb (m)	راكب
conductor (ticket inspector)	kamsary (m)	كمسري
corridor (in train)	mamarr (m)	ممرّ
emergency brake	farāmel el ṭawāre' (pl)	فرامل الطوارئ
compartment	ɣorfa (f)	غرفة
berth	serīr (m)	سرير
upper berth	serīr 'olwy (m)	سرير علوّي
lower berth	serīr sofly (m)	سرير سفلي
bed linen, bedding	aɣṭeyet el serīr (pl)	أغطيّة السرير
ticket	tazkara (f)	تذكرة
schedule	gadwal (m)	جدوَل
information display	lawḥet ma'lomāt (f)	لوحة معلومات
to leave, to depart	ɣādar	غادر
departure (of train)	moɣadra (f)	مغادرة
to arrive (ab. train)	weṣel	وصل
arrival	woṣūl (m)	وصول
to arrive by train	weṣel bel qeṭār	وصل بالقطار
to get on the train	rekeb el qeṭār	ركب القطار

to get off the train	nezel men el qeṭār	نزل من القطار
train wreck	ḥeṭām qeṭār (m)	حطام قطار
to derail (vi)	χarag 'an χaṭṭ sīru	خرج عن خطّ سيره
steam locomotive	qāṭera boχariya (f)	قاطرة بخاريّة
stoker, fireman	'aṭʃagy (m)	عطشجي
firebox	forn el moḥarrek (m)	فرن المحرّك
coal	faḥm (m)	فحم

107. Ship

ship	safīna (f)	سفينة
vessel	safīna (f)	سفينة
steamship	baχera (f)	باخرة
riverboat	baχera nahriya (f)	باخرة نهرية
cruise ship	safīna seyaḥiya (f)	سفينة سياحيّة
cruiser	ṭarrād safīna baḥariya (m)	طرّاد سفينة بحريّة
yacht	yaχt (m)	يخت
tugboat	qāṭera baḥariya (f)	قاطرة بحريّة
barge	ṣandal (m)	صندل
ferry	'abbāra (f)	عبّارة
sailing ship	safīna ʃera'iya (m)	سفينة شراعيّة
brigantine	markeb ʃerā'y (m)	مركب شراعي
ice breaker	moḥaṭṭemet galīd (f)	محطّمة جليد
submarine	ɣawwāṣa (f)	غوّاصة
boat (flat-bottomed ~)	markeb (m)	مركب
dinghy	zawra' (m)	زورق
lifeboat	qāreb nagah (m)	قارب نجاة
motorboat	lunʃ (m)	لنش
captain	'obṭān (m)	قبطان
seaman	baḥḥār (m)	بحّار
sailor	baḥḥār (m)	بحّار
crew	ṭāqem (m)	طاقم
boatswain	rabbān (m)	ربّان
ship's boy	ṣaby el safīna (m)	صبي السفينة
cook	ṭabbāχ (m)	طبّاخ
ship's doctor	ṭabīb el safīna (m)	طبيب السفينة
deck	saṭ-ḥ el safīna (m)	سطح السفينة
mast	sāreya (f)	سارية
sail	ʃerā' (m)	شراع
hold	'anbar (m)	عنبر
bow (prow)	mo'addema (m)	مقدّمة

stern	mo'axeret el safīna (f)	مؤخّرة السفينة
oar	megdāf (m)	مجذاف
screw propeller	marwaḥa (f)	مروّحة
cabin	kabīna (f)	كابينة
wardroom	ɣorfet el ṭa'ām wel rāḥa (f)	غرفة الطعام والراحة
engine room	qesm el 'ālāt (m)	قسم الآلات
bridge	borg el qeyāda (m)	برج القيادة
radio room	ɣorfet el lāselky (f)	غرفة اللاسلكي
wave (radio)	mouga (f)	موجة
logbook	segel el safīna (m)	سجل السفينة
spyglass	monzār (m)	منظار
bell	garas (m)	جرس
flag	'alam (m)	علم
hawser (mooring ~)	ḥabl (m)	حبل
knot (bowline, etc.)	'o'da (f)	عقدة
deckrails	drabzīn saṭ-ḥ el safīna (m)	درابزين سطح السفينة
gangway	sellem (m)	سلّم
anchor	marsāh (f)	مرساة
to weigh anchor	rafa' morsah	رفع مرساة
to drop anchor	rasa	رسا
anchor chain	selselet morsah (f)	سلسلة مرساة
port (harbor)	minā' (m)	ميناء
quay, wharf	marsa (m)	مرسى
to berth (moor)	rasa	رسا
to cast off	aqla'	أقلع
trip, voyage	reḥla (f)	رحلة
cruise (sea trip)	reḥla baḥariya (f)	رحلة بحريّة
course (route)	masār (m)	مسار
route (itinerary)	ṭarī' (m)	طريق
fairway (safe water channel)	magra melāḥy (m)	مجرى ملاحيّ
shallows	meyāh ḍaḥla (f)	مياه ضحلة
to run aground	ganaḥ	جنح
storm	'āṣefa (f)	عاصفة
signal	eʃara (f)	إشارة
to sink (vi)	ɣere'	غرق
Man overboard!	sa'aṭ rāgil min el sefīna!	سقط راجل من السفينة!
SOS (distress signal)	nedā' eɣāsa (m)	نداء إغاثة
ring buoy	ṭo'e nagah (m)	طوق نجاة

108. Airport

airport	maṭār (m)	مطار
airplane	ṭayāra (f)	طيّارة
airline	ʃerket ṭayarān (f)	شركة طيران
air traffic controller	marākeb el ḥaraka el gawiya (m)	مراكب الحركة الجويّة
departure	moɣadra (f)	مغادرة
arrival	woṣūl (m)	وصول
to arrive (by plane)	weṣel	وصل
departure time	wa't el moɣadra (m)	وقت المغادرة
arrival time	wa't el woṣūl (m)	وقت الوصول
to be delayed	ta'akχar	تأخّر
flight delay	ta'aχor el reḥla (m)	تأخّر الرحلة
information board	lawḥet el ma'lomāt (f)	لوحة المعلومات
information	este'lamāt (pl)	إستعلامات
to announce (vt)	a'lan	أعلن
flight (e.g., next ~)	reḥlet ṭayarān (f)	رحلة طيران
customs	gamārek (pl)	جمارك
customs officer	mowazzaf el gamārek (m)	موظّف الجمارك
customs declaration	taṣrīḥ gomroky (m)	تصريح جمركي
to fill out (vt)	mala	ملا
to fill out the declaration	mala el taṣrīḥ	ملأ التصريح
passport control	taftīʃ el gawazāt (m)	تفتيش الجوازات
luggage	el ʃonaṭ (pl)	الشنط
hand luggage	ʃonaṭ el yad (pl)	شنط اليد
luggage cart	'arabet ʃonaṭ (f)	عربة شنط
landing	hobūṭ (m)	هبوط
landing strip	mamarr el hobūṭ (m)	ممرّ الهبوط
to land (vi)	habaṭ	هبط
airstairs	sellem el ṭayāra (m)	سلّم الطيّارة
check-in	tasgīl (m)	تسجيل
check-in counter	makān tasgīl (m)	مكان تسجيل
to check-in (vi)	saggel	سجّل
boarding pass	beṭāqet el rokūb (f)	بطاقة الركوب
departure gate	bawwābet el moɣadra (f)	بوّابة المغادرة
transit	tranzīt (m)	ترانزيت
to wait (vt)	estanna	إستنّى
departure lounge	ṣālet el moɣadra (f)	صالة المغادرة
to see off	wadda'	ودّع
to say goodbye	wadda'	ودّع

Life events

109. Holidays. Event

celebration, holiday	ʿīd (m)	عيد
national day	ʿīd waṭany (m)	عيد وطني
public holiday	agāza rasmiya (f)	أجازة رسميّة
to commemorate (vt)	eḥtafal be zekra	إحتفل بذكرى
event (happening)	ḥadass (m)	حدث
event (organized activity)	monasba (f)	مناسبة
banquet (party)	walīma (f)	وليمة
reception (formal party)	ḥaflet esteʾbāl (f)	حفلة إستقبال
feast	walīma (f)	وليمة
anniversary	zekra sanawiya (f)	ذكرى سنوية
jubilee	yobeyl (m)	يوبيل
to celebrate (vt)	eḥtafal	إحتفل
New Year	raʾs el sanna (m)	رأس السنة
Happy New Year!	koll sana wenta ṭayeb!	كلّ سنة وأنت طيّب!
Santa Claus	baba neweyl (m)	بابا نويل
Christmas	ʿīd el melād (m)	عيد الميلاد
Merry Christmas!	ʿīd melād saʿīd!	عيد ميلاد سعيد!
Christmas tree	ʃagaret el kresmas (f)	شجرة الكريسمس
fireworks (fireworks show)	alʿāb nāriya (pl)	ألعاب ناريّة
wedding	faraḥ (m)	فرح
groom	ʿarīs (m)	عريس
bride	ʿarūsa (f)	عروسة
to invite (vt)	ʿazam	عزم
invitation card	beṭāʾet daʿwa (f)	بطاقة دعوة
guest	ḍeyf (m)	ضيف
to visit (~ your parents, etc.)	zār	زار
to meet the guests	estaʾbal ḍoyūf	إستقبل ضيوف
gift, present	hediya (f)	هديّة
to give (sth as present)	edda	إدّى
to receive gifts	estalam hadāya	إستلم هدايا
bouquet (of flowers)	bokeyh (f)	بوكيه
congratulations	tahneʾa (f)	تهنئة
to congratulate (vt)	hanna	هنّأ

greeting card	beṭā'et tahne'a (f)	بطاقة تهنئة
to send a postcard	ba'at beṭā'et tahne'a	بعت بطاقة تهنئة
to get a postcard	estalam beṭā'a tahne'a	استلم بطاقة تهنئة
toast	naχab (m)	نخب
to offer (a drink, etc.)	ḍayaf	ضيّف
champagne	ʃambania (f)	شمبانيا
to enjoy oneself	estamta'	إستمتع
merriment (gaiety)	bahga (f)	بهجة
joy (emotion)	sa'āda (f)	سعادة
dance	ra'ṣa (f)	رقصة
to dance (vi, vt)	ra'aṣ	رقص
waltz	valles (m)	فالس
tango	tango (m)	تانجو

110. Funerals. Burial

cemetery	maqbara (f)	مقبرة
grave, tomb	'abr (m)	قبر
cross	ṣalīb (m)	صليب
gravestone	ḥagar el ma''bara (m)	حجر المقبرة
fence	sūr (m)	سور
chapel	kenīsa saɣīra (f)	كنيسة صغيرة
death	mote (m)	موت
to die (vi)	māt	مات
the deceased	el motawaffy (m)	المتوفّي
mourning	ḥedād (m)	حداد
to bury (vt)	dafan	دفن
funeral home	maktab mota'ahhed el dafn (m)	مكتب متعهّد الدفن
funeral	ganāza (f)	جنازة
wreath	eklīl (m)	إكليل
casket, coffin	tabūt (m)	تابوت
hearse	na'ʃ (m)	نعش
shroud	kafan (m)	كفن
funeral procession	ganāza (f)	جنازة
funerary urn	garra gana'eziya (f)	جرّة جنائزية
crematory	maḥra'et gosas el mawta (f)	محرقة جثث الموتى
obituary	segel el wafīāt (m)	سجل الوفيات
to cry (weep)	baka	بكى
to sob (vi)	nawwaḥ	نوّح

111. War. Soldiers

platoon	faṣīla (f)	فصيلة
company	serriya (f)	سريّة
regiment	foge (m)	فوج
army	geyʃ (m)	جيش
division	fer'a (f)	فرقة
section, squad	weḥda (f)	وحدة
host (army)	geyʃ (m)	جيش
soldier	gondy (m)	جنّدي
officer	ḍābeṭ (m)	ضابط
private	gondy (m)	جنّدي
sergeant	raqīb tāny (m)	رقيب تاني
lieutenant	molāzem tāny (m)	ملازم تاني
captain	naqīb (m)	نقيب
major	rā'ed (m)	رائد
colonel	'aqīd (m)	عقيد
general	ʒenerāl (m)	جنرال
sailor	baḥḥār (m)	بحّار
captain	'obṭān (m)	قبطان
boatswain	rabbān (m)	ربّان
artilleryman	gondy fe selāḥ el madfa'iya (m)	جنّدي في سلاح المدفعيّة
paratrooper	selāḥ el maẓallāt (m)	سلاح المظلّلات
pilot	ṭayār (m)	طيّار
navigator	mallāḥ (m)	ملاّح
mechanic	mikanīky (m)	ميكانيكي
pioneer (sapper)	mohandes 'askary (m)	مهندس عسكري
parachutist	gondy el baraʃot (m)	جنّدي الباراشوت
reconnaissance scout	kaʃāfet el esteṭlā' (f)	كشّافة الإستطلاع
sniper	qannāṣ (m)	قنّاص
patrol (group)	dawriya (f)	دوّريّة
to patrol (vt)	'ām be dawriya	قام بدوريّة
sentry, guard	ḥāres (m)	حارس
warrior	muḥāreb (m)	محارب
patriot	waṭany (m)	وطني
hero	baṭal (m)	بطل
heroine	baṭala (f)	بطلة
traitor	χāyen (m)	خاين
to betray (vt)	χān	خان
deserter	hāreb men el gondiya (m)	هارب من الجنديّة
to desert (vi)	farr men el geyʃ	فرّ من الجيش

mercenary	ma'gūr (m)	مأجور
recruit	gondy gedīd (m)	جنّدي جديد
volunteer	motaṭawwe' (m)	متطوّع
dead (n)	'atīl (m)	قتيل
wounded (n)	garīḥ (m)	جريح
prisoner of war	asīr ḥarb (m)	أسير حرب

112. War. Military actions. Part 1

war	ḥarb (f)	حرب
to be at war	ḥārab	حارب
civil war	ḥarb ahliya (f)	حرب أهليّة
treacherously (adv)	ɣadran	غدراً
declaration of war	e'lān ḥarb (m)	إعلان حرب
to declare (~ war)	a'lan	أعلن
aggression	'edwān (m)	عدوان
to attack (invade)	hagam	هجم
to invade (vt)	eḥtall	إحتلّ
invader	moḥtell (m)	محتلّ
conqueror	fāteḥ (m)	فاتح
defense	defā' (m)	دفاع
to defend (a country, etc.)	dāfa'	دافع
to defend (against ...)	dāfa' 'an ...	... دافع عن
enemy	'adeww (m)	عدوّ
foe, adversary	xeṣm (m)	خصم
enemy (as adj)	'adeww	عدوّ
strategy	estrateʒiya (f)	إستراتيجيّة
tactics	taktīk (m)	تكتيك
order	amr (m)	أمر
command (order)	amr (m)	أمر
to order (vt)	amar	أمر
mission	mohemma (f)	مهمّة
secret (adj)	serry	سرّي
battle	ma'raka (f)	معركة
combat	'etāl (m)	قتال
attack	hogūm (m)	هجوم
charge (assault)	enqeḍāḍ (m)	إنقضاض
to storm (vt)	enqaḍḍ	إنقضّ
siege (to be under ~)	ḥeṣār (m)	حصار
offensive (n)	hogūm (m)	هجوم
to go on the offensive	hagam	هجم

retreat	enseḥāb (m)	إنسحاب
to retreat (vi)	ensaḥab	إنسحب
encirclement	eḥāṭa (f)	إحاطة
to encircle (vt)	aḥāṭ	أحاط
bombing (by aircraft)	ʾaṣf (m)	قصف
to drop a bomb	asqaṭ qonbola	أسقط قنبلة
to bomb (vt)	ʾaṣaf	قصف
explosion	enfegār (m)	إنفجار
shot	ṭalʾa (f)	طلقة
to fire (~ a shot)	aṭlaq el nār	أطلق النار
firing (burst of ~)	eṭlāq nār (m)	إطلاق نار
to aim (to point a weapon)	ṣawwab ʿala …	... صوّب على
to point (a gun)	ṣawwab	صوّب
to hit (the target)	aṣāb el hadaf	أصاب الهدف
to sink (~ a ship)	aɣraʾ	أغرق
hole (in a ship)	soqb (m)	ثقب
to founder, to sink (vi)	ɣereʾ	غرق
front (war ~)	gabha (f)	جبهة
evacuation	eχlāʾ (m)	إخلاء
to evacuate (vt)	aχla	أخلى
trench	χondoq (m)	خندق
barbwire	aslāk ʃāʾeka (pl)	أسلاك شائكة
barrier (anti tank ~)	ḥāgez (m)	حاجز
watchtower	borg moraʾba (m)	برج مراقبة
military hospital	mostaʃfa ʿaskary (m)	مستشفى عسكري
to wound (vt)	garaḥ	جرح
wound	garḥ (m)	جرح
wounded (n)	garīḥ (m)	جريح
to be wounded	oṣīb bel garḥ	أصيب بالجرح
serious (wound)	χaṭīr	خطير

113. War. Military actions. Part 2

captivity	asr (m)	أسر
to take captive	asar	أسر
to be held captive	etʾasar	أتأسر
to be taken captive	weʾeʿ fel asr	وقع في الأسر
concentration camp	moʿaskar eʿteqāl (m)	معسكر إعتقال
prisoner of war	asīr ḥarb (m)	أسير حرب
to escape (vi)	hereb	هرب
to betray (vt)	χān	خان

betrayer	xāyen (m)	خاين
betrayal	xeyāna (f)	خيانة
to execute (by firing squad)	a'dam ramyan bel roṣāṣ	أعدم رمياً بالرصاص
execution (by firing squad)	e'dām ramyan bel roṣāṣ (m)	إعدام رمياً بالرصاص
equipment (military gear)	el 'etād el 'askary (m)	العتاد العسكري
shoulder board	kattāfa (f)	كتافة
gas mask	qenā' el ɣāz (m)	قناع الغاز
field radio	gehāz lāselky (m)	جهاز لاسلكي
cipher, code	ʃafra (f)	شفرة
secrecy	serriya (f)	سريّة
password	kelmet el morūr (f)	كلمة مرور
land mine	loɣz arāḍy (m)	لغم أرضي
to mine (road, etc.)	lagɣam	لغّم
minefield	ḥaql alɣām (m)	حقل ألغام
air-raid warning	enzār gawwy (m)	إنذار جوّي
alarm (alert signal)	enzār (m)	إنذار
signal	eʃara (f)	إشارة
signal flare	eʃāra moḍī'a (f)	إشارة مضيئة
headquarters	maqarr (m)	مقرّ
reconnaissance	kaʃāfet el esteṭlā' (f)	كشّافة الإستطلاع
situation	ḥāla (f), waḍ' (m)	حالة, وضع
report	ta'rīr (m)	تقرير
ambush	kamīn (m)	كمين
reinforcement (of army)	emdadāt 'askariya (pl)	إمدادات عسكريّة
target	hadaf (m)	هدف
proving ground	arḍ extebār (m)	أرض إختبار
military exercise	monawrāt 'askariya (pl)	مناورات عسكريّة
panic	zo'r (m)	ذعر
devastation	damār (m)	دمار
destruction, ruins	ḥeṭām (pl)	حطام
to destroy (vt)	dammar	دمّر
to survive (vi, vt)	negy	نجي
to disarm (vt)	garrad men el selāḥ	جرّد من السلاح
to handle (~ a gun)	esta'mel	إستعمل
Attention!	entebāh!	!إنتباه
At ease!	estareḥ!	!إسترح
act of courage	ma'sara (f)	مأثرة
oath (vow)	qasam (m)	قسم
to swear (an oath)	aqsam	أقسم

decoration (medal, etc.)	wesām (m)	وسام
to award (give medal to)	manaḥ	منح
medal	medalya (f)	ميدالية
order (e.g., ~ of Merit)	wesām ʿaskary (m)	وسام عسكري
victory	enteṣār - foze (m)	إنتصار, فوز
defeat	hazīma (f)	هزيمة
armistice	hodna (f)	هدنة
standard (battle flag)	rāyet el maʿraka (f)	راية المعركة
glory (honor, fame)	magd (m)	مجد
parade	mawkeb (m)	موكب
to march (on parade)	sār	سار

114. Weapons

weapons	asleḥa (pl)	أسلحة
firearms	asleḥa nāriya (pl)	أسلحة ناريّة
cold weapons (knives, etc.)	asleḥa bayḍāʾ (pl)	أسلحة بيضاء
chemical weapons	asleḥa kemawiya (pl)	أسلحة كيماويّة
nuclear (adj)	nawawy	نووي
nuclear weapons	asleḥa nawawiya (pl)	أسلحة نوويّة
bomb	qonbela (f)	قنبلة
atomic bomb	qonbela nawawiya (f)	قنبلة نوويّة
pistol (gun)	mosaddas (m)	مسدّس
rifle	bondoqiya (f)	بندقيّة
submachine gun	mosaddas rasʃāʃ (m)	مسدّس رشّاش
machine gun	rasʃāʃ (m)	رشّاش
muzzle	fawha (f)	فوهة
barrel	anbūba (f)	أنبوبة
caliber	ʿeyār (m)	عيار
trigger	zanād (m)	زناد
sight (aiming device)	moṣawweb (m)	مصوّب
magazine	maχzan (m)	مخزن
butt (shoulder stock)	ʿaqab el bondoʾiya (m)	عقب البندقيّة
hand grenade	qonbela yadawiya (f)	قنبلة يدويّة
explosive	mawād motafaggera (pl)	مواد متفجّرة
bullet	roṣāṣa (f)	رصاصة
cartridge	χarṭūʃa (f)	خرطوشة
charge	ḥaʃwa (f)	حشوة
ammunition	zaχīra (f)	ذخيرة
bomber (aircraft)	qazefet qanābel (f)	قاذفة قنابل

fighter	ṭayāra muqātela (f)	طيّارة مقاتلة
helicopter	heliokobter (m)	هليكوبتر
anti-aircraft gun	madfaʿ moḍād lel ṭaʾerāṭ (m)	مدفع مضاد للطائرات
tank	dabbāba (f)	دبّابة
tank gun	madfaʿ el dabbāba (m)	مدفع الدبّابة
artillery	madfaʿiya (f)	مدفعيّة
gun (cannon, howitzer)	madfaʿ (m)	مدفع
to lay (a gun)	ṣawwab	صوّب
shell (projectile)	qazīfa (f)	قذيفة
mortar bomb	qonbela hawn (f)	قنبلة هاون
mortar	hawn (m)	هاون
splinter (shell fragment)	ʃazya (f)	شظية
submarine	ɣawwāṣa (f)	غوّاصة
torpedo	ṭorbīd (m)	طوربيد
missile	ṣarūχ (m)	صاروخ
to load (gun)	ʿammar	عمّر
to shoot (vi)	ḍarab bel nār	ضرب بالنار
to point at (the cannon)	ṣawwab ʿala ...	صوّب على ...
bayonet	ḥerba (f)	حربة
rapier	seyf zu ḥaddeyn (m)	سيف ذو حدّين
saber (e.g., cavalry ~)	seyf monḥany (m)	سيف منحني
spear (weapon)	remḥ (m)	رمح
bow	qose (m)	قوس
arrow	sahm (m)	سهم
musket	musket (m)	مسكيت
crossbow	qose mostaʿraḍ (m)	قوس مستعرض

115. Ancient people

primitive (prehistoric)	bedāʾy	بدائي
prehistoric (adj)	ma qabl el tarīχ	ما قبل التاريخ
ancient (~ civilization)	ʾadīm	قديم
Stone Age	el ʿaṣr el ḥagary (m)	العصر الحجري
Bronze Age	el ʿaṣr el bronzy (m)	العصر البرونزي
Ice Age	el ʿaṣr el galīdy (m)	العصر الجليدي
tribe	qabīla (f)	قبيلة
cannibal	ʾākel loḥūm el baʃar (m)	آكل لحوم البشر
hunter	ṣayād (m)	صيّاد
to hunt (vi, vt)	eṣṭād	إصطاد
mammoth	mamūθ (m)	ماموث
cave	kahf (m)	كهف

fire	nār (f)	نار
campfire	nār moχayem (m)	نار مخيّم
cave painting	rasm fel kahf (m)	رسم في الكهف
tool (e.g., stone ax)	adah (f)	أداة
spear	remḥ (m)	رمح
stone ax	fa's ḥagary (m)	فأس حجري
to be at war	ḥārab	حارب
to domesticate (vt)	esta'nas	استئنس
idol	ṣanam (m)	صنم
to worship (vt)	'abad	عبد
superstition	χorāfa (f)	خرافة
rite	mansak (m)	منسك
evolution	taṭṭawwor (m)	تطوّر
development	nomoww (m)	نموّ
disappearance (extinction)	enqerāḍ (m)	إنقراض
to adapt oneself	takayaf (ma')	تكيّف (مع)
archeology	'elm el 'āsār (m)	علم الآثار
archeologist	'ālem āsār (m)	عالم آثار
archeological (adj)	asary	أثري
excavation site	mawqe' ḥafr (m)	موّقع حفر
excavations	tanqīb (m)	تنقيب
find (object)	ekteʃāf (m)	إكتشاف
fragment	'eṭ'a (f)	قطعة

116. Middle Ages

people (ethnic group)	ʃa'b (m)	شعب
peoples	ʃo'ūb (pl)	شعوب
tribe	qabīla (f)	قبيلة
tribes	qabā'el (pl)	قبائل
barbarians	el barabra (pl)	البرابرة
Gauls	el ɣaliyūn (pl)	الغاليّون
Goths	el qūṭiyūn (pl)	القوطيون
Slavs	el selāf (pl)	السلاف
Vikings	el viking (pl)	الفايكينج
Romans	el romān (pl)	الرومان
Roman (adj)	romāny	روماني
Byzantines	bizanṭiyūn (pl)	بيزنطيون
Byzantium	bīzanṭa (f)	بيزنطة
Byzantine (adj)	bīzanṭy	بيزنطي
emperor	embraṭore (m)	إمبراطور
leader, chief (tribal ~)	za'īm (m)	زعيم

powerful (~ king)	gabbār	جبّار
king	malek (m)	ملك
ruler (sovereign)	ḥākem (m)	حاكم
knight	fāres (m)	فارس
feudal lord	eqṭā'y (m)	إقطاعي
feudal (adj)	eqṭā'y	إقطاعي
vassal	ḥākem tābe' (m)	حاكم تابع
duke	dū' (m)	دوق
earl	earl (m)	ايرل
baron	barūn (m)	بارون
bishop	asqof (m)	أسقف
armor	der' (m)	درع
shield	der' (m)	درع
sword	seyf (m)	سيف
visor	ḥaffa amamiya lel χoza (f)	حافة أماميّة للخوذة
chainmail	der' el zard (m)	درع الزرد
Crusade	ḥamla ṣalībiya (f)	حملة صليبيّة
crusader	ṣalīby (m)	صليبي
territory	arḍ (f)	أرض
to attack (invade)	hagam	هجم
to conquer (vt)	fataḥ	فتح
to occupy (invade)	eḥtall	إحتلّ
siege (to be under ~)	ḥeṣār (m)	حصار
besieged (adj)	moḥāṣar	محاصر
to besiege (vt)	ḥāṣar	حاصر
inquisition	maḥākem el taftīʃ (pl)	محاكم التفتيش
inquisitor	mofatteʃ (m)	مفتّش
torture	ta'zīb (m)	تعذيب
cruel (adj)	waḥʃy	وحشي
heretic	moharṭeq (m)	مهرطق
heresy	harṭa'a (f)	هرطقة
seafaring	el safar bel baḥr (m)	السفر بالبحر
pirate	'orṣān (m)	قرصان
piracy	'arṣana (f)	قرصنة
boarding (attack)	mohagmet safīna (f)	مهاجمة سفينة
loot, booty	ɣanīma (f)	غنيمة
treasures	konūz (pl)	كنوز
discovery	ekteʃāf (m)	إكتشاف
to discover (new land, etc.)	ektaʃaf	إكتشف
expedition	be'sa (f)	بعثة
musketeer	fāres (m)	فارس
cardinal	kardinal (m)	كاردينال

heraldry	ʃe'ārāt el nabāla (pl)	شعارات النبالة
heraldic (adj)	χāṣṣ be ʃe'arāt el nebāla	خاصّ بشعارات النبالة

117. Leader. Chief. Authorities

king	malek (m)	ملك
queen	maleka (f)	ملكة
royal (adj)	malaky	ملكي
kingdom	mamlaka (f)	مملكة
prince	amīr (m)	أمير
princess	amīra (f)	أميرة
president	ra'īs (m)	رئيس
vice-president	nā'eb el ra'īs (m)	نائب الرئيس
senator	'oḍw magles el ʃoyūχ (m)	عضو مجلس الشيوخ
monarch	'āhel (m)	عاهل
ruler (sovereign)	ḥākem (m)	حاكم
dictator	dektatore (m)	ديكتاتور
tyrant	ṭāɣeya (f)	طاغية
magnate	ra'smāly kebīr (m)	رأسمالي كبير
director	modīr (m)	مدير
chief	ra'īs (m)	رئيس
manager (director)	modīr (m)	مدير
boss	ra'īs (m)	رئيس
owner	ṣāḥeb (m)	صاحب
leader	za'īm (m)	زعيم
head (~ of delegation)	ra'īs (m)	رئيس
authorities	solṭāt (pl)	سلطات
superiors	ro'asā' (pl)	رؤساء
governor	muḥāfeẓ (m)	محافظ
consul	qonṣol (m)	قنصل
diplomat	deblomāsy (m)	دبلوماسي
mayor	ra'īs el baladiya (m)	رئيس البلديّة
sheriff	ʃerīf (m)	شريف
emperor	embraṭore (m)	إمبراطور
tsar, czar	qayṣar (m)	قيصر
pharaoh	fer'one (m)	فرعون
khan	χān (m)	خان

118. Breaking the law. Criminals. Part 1

bandit	qāṭe' ṭarī' (m)	قاطع طريق
crime	garīma (f)	جريمة

criminal (person)	mogrem (m)	مجرم
thief	sāre' (m)	سارق
to steal (vi, vt)	sara'	سرق
stealing, theft	ser'a (f)	سرقة
to kidnap (vt)	χaṭaf	خطف
kidnapping	χaṭf (m)	خطف
kidnapper	χāṭef (m)	خاطف
ransom	fedya (f)	فدية
to demand ransom	ṭalab fedya	طلب فدية
to rob (vt)	nahab	نهب
robbery	nahb (m)	نهب
robber	nahhāb (m)	نهّاب
to extort (vt)	balṭag	بلطج
extortionist	balṭagy (m)	بلطجي
extortion	balṭaga (f)	بلطجة
to murder, to kill	'atal	قتل
murder	'atl (m)	قتل
murderer	qātel (m)	قاتل
gunshot	ṭal'et nār (f)	طلقة نار
to fire (~ a shot)	aṭlaq el nār	أطلق النار
to shoot to death	'atal bel roṣāṣ	قتل بالرصاص
to shoot (vi)	ḍarab bel nār	ضرب بالنار
shooting	ḍarb nār (m)	ضرب نار
incident (fight, etc.)	ḥādes (m)	حادث
fight, brawl	χenā'a (f)	خناقة
Help!	sā'idni	ساعدني!
victim	ḍaḥiya (f)	ضحيّة
to damage (vt)	χarrab	خرّب
damage	χesāra (f)	خسارة
dead body, corpse	gossa (f)	جثّة
grave (~ crime)	χaṭīra	خطيرة
to attack (vt)	hagam	هجم
to beat (to hit)	ḍarab	ضرب
to beat up	ḍarab	ضرب
to take (rob of sth)	salab	سلب
to stab to death	ṭa'an ḥatta el mote	طعن حتّى الموت
to maim (vt)	ʃawwah	شوّه
to wound (vt)	garaḥ	جرح
blackmail	ebtezāz (m)	إبتزاز
to blackmail (vt)	ebtazz	إبتزّ
blackmailer	mobtazz (m)	مبتزّ
protection racket	balṭaga (f)	بلطجة

racketeer	mobtazz (m)	مبتزّ
gangster	ragol ʿeṣāba (m)	رجل عصابة
mafia, Mob	mafia (f)	مافيا
pickpocket	nasʃāl (m)	نشّال
burglar	leṣṣ beyūt (m)	لص بيوت
smuggling	tahrīb (m)	تهريب
smuggler	moharreb (m)	مهرّب
forgery	tazwīr (m)	تزوّير
to forge (counterfeit)	zawwar	زوّر
fake (forged)	mozawwara	مزوّرة

119. Breaking the law. Criminals. Part 2

rape	eɣteṣāb (m)	إغتصاب
to rape (vt)	eɣtaṣab	إغتصب
rapist	moɣtaṣeb (m)	مغتصب
maniac	mahwūs (m)	مهووس
prostitute (fem.)	mommos (f)	مومّس
prostitution	daʿāra (f)	دعارة
pimp	qawwād (m)	قوّاد
drug addict	modmen moχaddarāt (m)	مدمن مخدّرات
drug dealer	tāger moχaddarāt (m)	تاجر مخدّرات
to blow up (bomb)	faggar	فجّر
explosion	enfegār (m)	إنفجار
to set fire	aʃʿal el nār	أشعل النار
arsonist	moʃʿel ḥarīq ʿan ʿamd (m)	مشعل حريق عن عمد
terrorism	erhāb (m)	إرهاب
terrorist	erhāby (m)	إرهابي
hostage	rahīna (m)	رهينة
to swindle (deceive)	eḥtāl	إحتال
swindle, deception	eḥteyāl (m)	إحتيال
swindler	moḥtāl (m)	محتال
to bribe (vt)	raʃa	رشا
bribery	erteʃāʾ (m)	إرتشاء
bribe	raʃwa (f)	رشوة
poison	semm (m)	سمّ
to poison (vt)	sammem	سمّم
to poison oneself	sammem nafsoh	سمّم نفسه
suicide (act)	enteḥār (m)	إنتحار
suicide (person)	montaḥer (m)	منتحر

to threaten (vt)	hadded	هدّد
threat	tahdīd (m)	تهديد
to make an attempt	ḥāwel eɣteyāl	حاول إغتيال
attempt (attack)	moḥawlet eɣteyāl (f)	محاولة إغتيال
to steal (a car)	sara'	سرق
to hijack (a plane)	eχtaṭaf	إختطف
revenge	enteqām (m)	إنتقام
to avenge (get revenge)	entaqam	إنتقم
to torture (vt)	'azzeb	عذّب
torture	ta'zīb (m)	تعذيب
to torment (vt)	'azzeb	عذّب
pirate	'orṣān (m)	قرصان
hooligan	wabaʃ (m)	وبش
armed (adj)	mosallaḥ	مسلّح
violence	'onf (m)	عنف
illegal (unlawful)	meʃ qanūniy	مش قانونيّ
spying (espionage)	tagassas (m)	تجسّس
to spy (vi)	tagassas	تجسّس

120. Police. Law. Part 1

justice	qaḍā' (m)	قضاء
court (see you in ~)	maḥkama (f)	محكمة
judge	qāḍy (m)	قاضي
jurors	moḥallafīn (pl)	محلّفين
jury trial	qaḍā' el muḥallafīn (m)	قضاء المحلّفين
to judge (vt)	ḥakam	حكم
lawyer, attorney	muḥāmy (m)	محامي
defendant	modda'y 'aleyh (m)	مدّعي عليه
dock	'afaṣ el ettehām (m)	قفص الإتّهام
charge	ettehām (m)	إتّهام
accused	mottaham (m)	متّهم
sentence	ḥokm (m)	حكم
to sentence (vt)	ḥakam	حكم
guilty (culprit)	gāny (m)	جاني
to punish (vt)	'āqab	عاقب
punishment	'eqāb (m)	عقاب
fine (penalty)	ɣarāma (f)	غرامة
life imprisonment	segn mada el ḥayah (m)	سجن مدى الحياة

death penalty	ʻoqūbet ʼeʻdām (f)	عقوبة إعدام
electric chair	el korsy el kaharabāʼy (m)	الكرسي الكهربائي
gallows	maʃnaʼa (f)	مشنقة
to execute (vt)	aʻdam	أعدم
execution	eʻdām (m)	إعدام
prison, jail	segn (m)	سجن
cell	zenzāna (f)	زنزانة
escort	ḥerāsa (f)	حراسة
prison guard	ḥāres segn (m)	حارس سجن
prisoner	sagīn (m)	سجين
handcuffs	kalabʃāt (pl)	كلابشات
to handcuff (vt)	kalbeʃ	كلبش
prison break	horūb men el segn (m)	هروب من السجن
to break out (vi)	hereb	هرب
to disappear (vi)	eχtafa	إختفى
to release (from prison)	aχla sabīl	أخلى سبيل
amnesty	ʻafw ʻām (m)	عفو عام
police	ʃorṭa (f)	شرطة
police officer	ʃorṭy (m)	شرطي
police station	qesm ʃorṭa (m)	قسم شرطة
billy club	ʻaṣāya maṭṭāṭiya (f)	عصاية مطّاطية
bullhorn	būʼ (m)	بوق
patrol car	ʻarabiyet dawrīāt (f)	عربيّة دوريات
siren	sarīna (f)	سرينة
to turn on the siren	wallaʻ el sarīna	ولّع السرينة
siren call	ṣote sarīna (m)	صوت سرينة
crime scene	masraḥ el garīma (m)	مسرح الجريمة
witness	ʃāhed (m)	شاهد
freedom	ḥorriya (f)	حرّيّة
accomplice	ʃerīk fel garīma (m)	شريك في الجريمة
to flee (vi)	hereb	هرب
trace (to leave a ~)	asar (m)	أثر

121. Police. Law. Part 2

search (investigation)	baḥs (m)	بحث
to look for ...	dawwar ʻala	دوّر على
suspicion	ʃobha (f)	شبهة
suspicious (e.g., ~ vehicle)	maʃbūh	مشبوه
to stop (cause to halt)	awqaf	أوقّف
to detain (keep in custody)	eʻtaqal	إعتقل
case (lawsuit)	ʼaḍiya (f)	قضيّة

investigation	taḥʾīʾ (m)	تحقيق
detective	moḥaqqeq (m)	محقّق
investigator	mofatteʃ (m)	مفتّش
hypothesis	rewāya (f)	رواية
motive	dāfeʿ (m)	دافع
interrogation	estegwāb (m)	إستجواب
to interrogate (vt)	estagweb	إستجوّب
to question (~ neighbors, etc.)	estanṭaʾ	إستنطق
check (identity ~)	faḥṣ (m)	فحص
round-up	gamʿ (m)	جمع
search (~ warrant)	taftīʃ (m)	تفتيش
chase (pursuit)	moṭarda (f)	مطاردة
to pursue, to chase	ṭārad	طارد
to track (a criminal)	tatabbaʿ	تتبّع
arrest	eʿteqāl (m)	إعتقال
to arrest (sb)	eʿtaqal	اعتقل
to catch (thief, etc.)	ʾabaḍ ʿala	قبض على
capture	ʾabḍ (m)	قبض
document	wasīqa (f)	وثيقة
proof (evidence)	dalīl (m)	دليل
to prove (vt)	asbat	أثبت
footprint	baṣma (f)	بصمة
fingerprints	baṣamāt el aṣābeʿ (pl)	بصمات الأصابع
piece of evidence	ʾeṭʿa men el adella (f)	قطعة من الأدلّة
alibi	ḥegget ɣeyāb (f)	حجّة غياب
innocent (not guilty)	barīʾ	بريء
injustice	ẓolm (m)	ظلم
unjust, unfair (adj)	meʃ ʿādel	مش عادل
criminal (adj)	mogrem	مجرم
to confiscate (vt)	ṣādar	صادر
drug (illegal substance)	moχaddarāt (pl)	مخدّرات
weapon, gun	selāḥ (m)	سلاح
to disarm (vt)	garrad men el selāḥ	جرّد من السلاح
to order (command)	amar	أمر
to disappear (vi)	eχtafa	إختفى
law	qanūn (m)	قانون
legal, lawful (adj)	qanūny	قانوني
illegal, illicit (adj)	meʃ qanūny	مش قانوني
responsibility (blame)	masʾoliya (f)	مسؤوليّة
responsible (adj)	masʾūl (m)	مسؤول

NATURE

The Earth. Part 1

122. Outer space

space	faḍā' (m)	فضاء
space (as adj)	faḍā'y	فضائي
outer space	el faḍā' el χāregy (m)	الفضاء الخارجي
world	'ālam (m)	عالم
universe	el kōn (m)	الكون
galaxy	el magarra (f)	المجرّة
star	negm (m)	نجم
constellation	borg (m)	برج
planet	kawwkab (m)	كوكب
satellite	'amar ṣenā'y (m)	قمر صناعي
meteorite	nayzek (m)	نيّزك
comet	mozannab (m)	مذنّب
asteroid	kowaykeb (m)	كويكب
orbit	madār (m)	مدار
to revolve (~ around the Earth)	dār	دار
atmosphere	el ɣelāf el gawwy (m)	الغلاف الجوّي
the Sun	el ʃams (f)	الشمس
solar system	el magmū'a el ʃamsiya (f)	المجموعة الشمسيّة
solar eclipse	kosūf el ʃams (m)	كسوف الشمس
the Earth	el arḍ (f)	الأرض
the Moon	el 'amar (m)	القمر
Mars	el marrīχ (m)	المرّيخ
Venus	el zahra (f)	الزهرة
Jupiter	el moʃtary (m)	المشتري
Saturn	zoḥḥol (m)	زحل
Mercury	'aṭāred (m)	عطارد
Uranus	uranus (m)	اورانوس
Neptune	nibtūn (m)	نبتون
Pluto	bluto (m)	بلوتو
Milky Way	darb el tebbāna (m)	درب التبّانة
Great Bear (Ursa Major)	el dobb el akbar (m)	الدب الأكبر

North Star	negm el 'oṭb (m)	نجم القطب
Martian	sāken el marrīχ (m)	ساكن المرّيخ
extraterrestrial (n)	faḍā'y (m)	فضائي
alien	kā'en faḍā'y (m)	كائن فضائي
flying saucer	ṭaba' ṭā'er (m)	طبق طائر
spaceship	markaba faḍa'iya (f)	مركبة فضائية
space station	maḥaṭṭet faḍā' (f)	محطّة فضاء
blast-off	enṭelāq (m)	إنطلاق
engine	motore (m)	موتور
nozzle	manfaθ (m)	منفث
fuel	woqūd (m)	وقود
cockpit, flight deck	kabīna (f)	كابينة
antenna	hawā'y (m)	هوائي
porthole	kowwa mostadīra (f)	كوّة مستديرة
solar panel	lawḥa ʃamsiya (f)	لوحة شمسيّة
spacesuit	badlet el faḍā' (f)	بدّلة الفضاء
weightlessness	en'edām wazn (m)	إنعدام الوزن
oxygen	oksiʒīn (m)	أوكسجين
docking (in space)	rasw (m)	رسو
to dock (vi, vt)	rasa	رسى
observatory	marṣad (m)	مرصد
telescope	teleskop (m)	تلسكوب
to observe (vt)	rāqab	راقب
to explore (vt)	estakʃef	إستكشف

123. The Earth

the Earth	el arḍ (f)	الأرض
the globe (the Earth)	el kora el arḍiya (f)	الكرة الأرضيّة
planet	kawwkab (m)	كوّكب
atmosphere	el ɣelāf el gawwy (m)	الغلاف الجوّي
geography	goɣrafia (f)	جغرافيا
nature	ṭabee'a (f)	طبيعة
globe (table ~)	namūzag lel kora el arḍiya (m)	نموذج للكرة الأرضيّة
map	χarīṭa (f)	خريطة
atlas	aṭlas (m)	أطلس
Europe	orobba (f)	أوروبّا
Asia	asya (f)	آسيا
Africa	afreqia (f)	أفريقيا
Australia	ostorālya (f)	أستراليا

America	amrīka (f)	أمريكا
North America	amrīka el ʃamaliya (f)	أمريكا الشماليّة
South America	amrīka el ganūbiya (f)	أمريكا الجنوبيّة
Antarctica	el qoṭb el ganūby (m)	القطب الجنوبي
the Arctic	el qoṭb el ʃamāly (m)	القطب الشمالي

124. Cardinal directions

north	ʃemāl (m)	شمال
to the north	lel ʃamāl	للشمال
in the north	fel ʃamāl	في الشمال
northern (adj)	ʃamāly	شمالي
south	ganūb (m)	جنوب
to the south	lel ganūb	للجنوب
in the south	fel ganūb	في الجنوب
southern (adj)	ganūby	جنوبي
west	ɣarb (m)	غرب
to the west	lel ɣarb	للغرب
in the west	fel ɣarb	في الغرب
western (adj)	ɣarby	غربي
east	ʃarʾ (m)	شرق
to the east	lel ʃarʾ	للشرق
in the east	fel ʃarʾ	في الشرق
eastern (adj)	ʃarʾy	شرقي

125. Sea. Ocean

sea	baḥr (m)	بحر
ocean	moḥīṭ (m)	محيط
gulf (bay)	χalīg (m)	خليج
straits	maḍīq (m)	مضيق
land (solid ground)	barr (m)	برّ
continent (mainland)	qārra (f)	قارّة
island	gezīra (f)	جزيرة
peninsula	ʃebh gezeyra (f)	شبه جزيرة
archipelago	magmūʿet gozor (f)	مجموعة جزر
bay, cove	χalīg (m)	خليج
harbor	mināʾ (m)	ميناء
lagoon	lagūn (m)	لاجون
cape	raʾs (m)	رأس
atoll	gezīra morganiya estwaʾiya (f)	جزيرة مرجانية إستوائيّة

reef	ʃoʿāb (pl)	شعاب
coral	morgān (m)	مرجان
coral reef	ʃoʿāb morganiya (pl)	شعاب مرجانية
deep (adj)	ʿamīq	عميق
depth (deep water)	ʿomq (m)	عمق
abyss	el ʿomq el saḥīq (m)	العمق السحيق
trench (e.g., Mariana ~)	χondoq (m)	خندق
current (Ocean ~)	tayār (m)	تيّار
to surround (bathe)	ḥāṭ	حاط
shore	sāḥel (m)	ساحل
coast	sāḥel (m)	ساحل
flow (flood tide)	tayār (m)	تيّار
ebb (ebb tide)	gozor (m)	جزر
shoal	meyāh ḍaḥla (f)	مياه ضحلة
bottom (~ of the sea)	qāʿ (m)	قاع
wave	mouga (f)	موجة
crest (~ of a wave)	qemma (f)	قمّة
spume (sea foam)	zabad el baḥr (m)	زبد البحر
storm (sea storm)	ʿāṣefa (f)	عاصفة
hurricane	eʿṣār (m)	إعصار
tsunami	tsunāmy (m)	تسونامي
calm (dead ~)	hodūʾ (m)	هدوء
quiet, calm (adj)	hady	هادئ
pole	ʾoṭb (m)	قطب
polar (adj)	ʾoṭby	قطبي
latitude	ʿarḍ (m)	عرض
longitude	χaṭṭ ṭūl (m)	خطّ طول
parallel	motawāz (m)	متواز
equator	χaṭṭ el estewāʾ (m)	خطّ الإستواء
sky	samāʾ (f)	سماء
horizon	ofoq (m)	أفق
air	hawāʾ (m)	هواء
lighthouse	manāra (f)	منارة
to dive (vi)	ɣāṣ	غاص
to sink (ab. boat)	ɣereʾ	غرق
treasures	konūz (pl)	كنوز

126. Seas' and Oceans' names

Atlantic Ocean	el moḥeyṭ el aṭlanṭy (m)	المحيط الأطلنطي
Indian Ocean	el moḥeyṭ el hendy (m)	المحيط الهندي

Pacific Ocean	el moḥeyṭ el hādy (m)	المحيط الهادي
Arctic Ocean	el moḥeyṭ el motagammed el ʃamāly (m)	المحيط المتجمّد الشمالي
Black Sea	el baḥr el aswad (m)	البحر الأسود
Red Sea	el baḥr el aḥmar (m)	البحر الأحمر
Yellow Sea	el baḥr el aṣfar (m)	البحر الأصفر
White Sea	el baḥr el abyaḍ (m)	البحر الأبيض
Caspian Sea	baḥr qazwīn (m)	بحر قزوين
Dead Sea	el baḥr el mayet (m)	البحر الميّت
Mediterranean Sea	el baḥr el abyaḍ el motawasseṭ (m)	البحر الأبيض المتوسط
Aegean Sea	baḥr eygah (m)	بحر إيجة
Adriatic Sea	el baḥr el adreyatīky (m)	البحر الأدرياتيكي
Arabian Sea	baḥr el 'arab (m)	بحر العرب
Sea of Japan	baḥr el yabān (m)	بحر اليابان
Bering Sea	baḥr bering (m)	بحر بيرينغ
South China Sea	baḥr el ṣeyn el ganūby (m)	بحر الصين الجنوبي
Coral Sea	baḥr el morgān (m)	بحر المرجان
Tasman Sea	baḥr tazman (m)	بحر تسمان
Caribbean Sea	el baḥr el karību (m)	البحر الكاريبي
Barents Sea	baḥr barents (m)	بحر بارنتس
Kara Sea	baḥr kara (m)	بحر كارا
North Sea	baḥr el ʃamāl (m)	بحر الشمال
Baltic Sea	baḥr el balṭīq (m)	بحر البلطيق
Norwegian Sea	baḥr el nerwīg (m)	بحر النرويج

127. Mountains

mountain	gabal (m)	جبل
mountain range	selselet gebāl (f)	سلسلة جبال
mountain ridge	notū' el gabal (m)	نتوء الجبل
summit, top	qemma (f)	قمّة
peak	qemma (f)	قمّة
foot (~ of the mountain)	asfal (m)	أسفل
slope (mountainside)	monḥadar (m)	منحدر
volcano	borkān (m)	بركان
active volcano	borkān naʃeṭ (m)	بركان نشط
dormant volcano	borkān χāmed (m)	بركان خامد
eruption	sawarān (m)	ثوّران
crater	fawhet el borkān (f)	فوهة البركان

magma	magma (f)	ماجما
lava	ḥomam borkāniya (pl)	حمم بركانية
molten (~ lava)	monṣahera	منصهرة
canyon	wādy ḍaye' (m)	وادي ضيّق
gorge	mamarr ḍaye' (m)	ممرّ ضيّق
crevice	ʃa'' (m)	شقّ
abyss (chasm)	hāwya (f)	هاوية
pass, col	mamarr gabaly (m)	ممرّ جبلي
plateau	haḍaba (f)	هضبة
cliff	garf (m)	جرف
hill	tall (m)	تلّ
glacier	nahr galīdy (m)	نهر جليدي
waterfall	ʃallāl (m)	شلّال
geyser	nab' maya ḥāra (m)	نبع ميّة حارة
lake	boḥeyra (f)	بحيرة
plain	sahl (m)	سهل
landscape	manzar ṭabee'y (m)	منظر طبيعي
echo	ṣada (m)	صدى
alpinist	motasalleq el gebāl (m)	متسلّق الجبال
rock climber	motasalleq ṣoχūr (m)	متسلّق صخور
to conquer (in climbing)	taɣallab 'ala	تغلّب على
climb (an easy ~)	tasalloq (m)	تسلّق

128. Mountains names

The Alps	gebāl el alb (pl)	جبال الألب
Mont Blanc	mōn blōn (m)	مون بلون
The Pyrenees	gebāl el barānes (pl)	جبال البرانس
The Carpathians	gebāl el karbāt (pl)	جبال الكاربات
The Ural Mountains	gebāl el urāl (pl)	جبال الأورال
The Caucasus Mountains	gebāl el qoqāz (pl)	جبال القوقاز
Mount Elbrus	gabal elbrus (m)	جبل إلبروس
The Altai Mountains	gebāl altāy (pl)	جبال ألتاي
The Tian Shan	gebāl tian ʃan (pl)	جبال تيان شان
The Pamir Mountains	gebāl bamir (pl)	جبال بامير
The Himalayas	himalāya (pl)	هيمالايا
Mount Everest	gabal everest (m)	جبل افرست
The Andes	gebāl el andīz (pl)	جبال الأنديز
Mount Kilimanjaro	gabal kilimanʒaro (m)	جبل كليمنجارو

129. Rivers

river	nahr (m)	نهر
spring (natural source)	ʿeyn (m)	عين
riverbed (river channel)	magra el nahr (m)	مجرى النهر
basin (river valley)	ḥoḍe (m)	حوض
to flow into ...	ṣabb fe ...	صبّ في...
tributary	rāfed (m)	رافد
bank (of river)	ḍaffa (f)	ضفّة
current (stream)	tayār (m)	تيّار
downstream (adv)	maʿ ettigāh magra el nahr	مع إتّجاه مجرى النهر
upstream (adv)	ḍed el tayār	ضد التيار
inundation	ɣamr (m)	غمر
flooding	fayaḍān (m)	فيضان
to overflow (vi)	fāḍ	فاض
to flood (vt)	ɣamar	غمر
shallow (shoal)	meyāh ḍaḥla (f)	مياه ضحلة
rapids	monḥadar el nahr (m)	منحدر النهر
dam	sadd (m)	سدّ
canal	qanah (f)	قناة
reservoir (artificial lake)	χazzān māʾy (m)	خزّان مائي
sluice, lock	bawwāba qanṭara (f)	بوّابة قنطرة
water body (pond, etc.)	berka (f)	بركة
swamp (marshland)	mostanqaʿ (m)	مستنقع
bog, marsh	mostanqaʿ (m)	مستنقع
whirlpool	dawwāma (f)	دوّامة
stream (brook)	gadwal (m)	جدوّل
drinking (ab. water)	el ʃorb	الشرب
fresh (~ water)	ʿazb	عذب
ice	galīd (m)	جليد
to freeze over (ab. river, etc.)	etgammed	إتجمّد

130. Rivers' names

Seine	el seyn (m)	السين
Loire	el lua:r (m)	اللوار
Thames	el teymz (m)	التيمز
Rhine	el rayn (m)	الراين
Danube	el danūb (m)	الدانوب

Volga	el volga (m)	الفولغا
Don	el done (m)	الدون
Lena	lena (m)	لينا
Yellow River	el nahr el aṣfar (m)	النهر الأصفر
Yangtze	el yangesty (m)	اليانغستي
Mekong	el mekong (m)	الميكونغ
Ganges	el ɣang (m)	الغانج
Nile River	el nīl (m)	النيل
Congo River	el kongo (m)	الكونغو
Okavango River	okavango (m)	أوكافانجو
Zambezi River	el zambizi (m)	الزمبيزي
Limpopo River	limbobo (m)	ليمبوبو
Mississippi River	el mississibbi (m)	الميسيسيبي

131. Forest

forest, wood	ɣāba (f)	غابة
forest (as adj)	ɣāba	غابة
thick forest	ɣāba kasīfa (f)	غابة كثيفة
grove	bostān (m)	بستان
forest clearing	ezālet el ɣābāt (f)	إزالة الغابات
thicket	agama (f)	أجمة
scrubland	arāḍy el ʃogayrāt (pl)	أراضي الشجيرات
footpath (troddenpath)	mamarr (m)	ممرّ
gully	wādy ḍaye' (m)	وادي ضيّق
tree	ʃagara (f)	شجرة
leaf	wara'a (f)	ورقة
leaves (foliage)	wara' (m)	ورق
fall of leaves	tasā'oṭ el awrā' (m)	تساقط الأوراق
to fall (ab. leaves)	saqaṭ	سقط
top (of the tree)	ra's (m)	رأس
branch	ɣoṣn (m)	غصن
bough	ɣoṣn ra'īsy (m)	غصن رئيسي
bud (on shrub, tree)	bor'om (m)	برعم
needle (of pine tree)	ʃawka (f)	شوكة
pine cone	kūz el ṣnowbar (m)	كوز الصنوبر
hollow (in a tree)	gofe (m)	جوف
nest	'eʃ (m)	عشّ
burrow (animal hole)	goḥr (m)	جحر
trunk	gez' (m)	جذع
root	gezr (m)	جذر

bark	leḥā' (m)	لحاء
moss	ṭaḥlab (m)	طحلب
to uproot (remove trees or tree stumps)	eqtala'	إقتلع
to chop down	'aṭṭa'	قطّع
to deforest (vt)	azāl el ɣabāt	أزال الغابات
tree stump	gez' el ʃagara (m)	جذع الشجرة
campfire	nār moχayem (m)	نار مخيّم
forest fire	ḥarī' ɣāba (m)	حريق غابة
to extinguish (vt)	ṭaffa	طفّى
forest ranger	ḥāres el ɣāba (m)	حارس الغابة
protection	ḥemāya (f)	حماية
to protect (~ nature)	ḥama	حمى
poacher	sāre' el ṣeyd (m)	سارق الصيد
steel trap	maṣyada (f)	مصيّدة
to gather, to pick (vt)	gamma'	جمّع
to lose one's way	tāh	تاه

132. Natural resources

natural resources	sarawāt ṭabi'iya (pl)	ثروات طبيعيّة
minerals	ma'āden (pl)	معادن
deposits	rawāseb (pl)	رواسب
field (e.g., oilfield)	ḥaql (m)	حقل
to mine (extract)	estaχrag	إستخرج
mining (extraction)	esteχrāg (m)	إستخراج
ore	χām (m)	خام
mine (e.g., for coal)	mangam (m)	منجم
shaft (mine ~)	mangam (m)	منجم
miner	'āmel mangam (m)	عامل منجم
gas (natural ~)	ɣāz (m)	غاز
gas pipeline	χaṭṭ anabīb ɣāz (m)	خطّ أنابيب غاز
oil (petroleum)	nafṭ (m)	نفط
oil pipeline	anabīb el nafṭ (pl)	أنابيب النفط
oil well	bīr el nafṭ (m)	بير النفط
derrick (tower)	ḥaffāra (f)	حفّارة
tanker	nāqelet betrūl (f)	ناقلة بترول
sand	raml (m)	رمل
limestone	ḥagar el kals (m)	حجر الكلس
gravel	ḥaṣa (m)	حصى
peat	χaθ faḥm nabāty (m)	خث فحم نباتي
clay	ṭīn (m)	طين

coal	faḥm (m)	فحم
iron (ore)	ḥadīd (m)	حديد
gold	dahab (m)	ذهب
silver	faḍḍa (f)	فضّة
nickel	nikel (m)	نيكل
copper	neḥās (m)	نحاس
zinc	zink (m)	زنك
manganese	manganīz (m)	منجنيز
mercury	zeʾbaq (m)	زئبق
lead	roṣāṣ (m)	رصاص
mineral	maʿdan (m)	معدن
crystal	kristāl (m)	كريستال
marble	roχām (m)	رخام
uranium	yuranuim (m)	يورانيوم

The Earth. Part 2

133. Weather

weather	ṭa’s (m)	طقس
weather forecast	naʃra gawiya (f)	نشرة جويّة
temperature	ḥarāra (f)	حرارة
thermometer	termometr (m)	ترمومتر
barometer	barometr (m)	بارومتر
humid (adj)	roṭob	رطب
humidity	roṭūba (f)	رطوبة
heat (extreme ~)	ḥarāra (f)	حرارة
hot (torrid)	ḥarr	حارّ
it's hot	el gaww ḥarr	الجوّ حرّ
it's warm	el gaww dafa	الجوّ دفا
warm (moderately hot)	dāfe’	دافئ
it's cold	el gaww bāred	الجوّ بارد
cold (adj)	bāred	بارد
sun	ʃams (f)	شمس
to shine (vi)	nawwar	نوّر
sunny (day)	moʃmes	مشمس
to come up (vi)	ʃara’	شرق
to set (vi)	ɣarab	غرب
cloud	saḥāba (f)	سحابة
cloudy (adj)	meɣayem	مغيّم
rain cloud	saḥābet maṭar (f)	سحابة مطر
somber (gloomy)	meɣayem	مغيّم
rain	maṭar (m)	مطر
it's raining	el donia betmaṭṭar	الدنيا بتمطّر
rainy (~ day, weather)	momṭer	ممطر
to drizzle (vi)	maṭṭaret razāz	مطّرت رذاذ
pouring rain	maṭar monhamer (f)	مطر منهمر
downpour	maṭar ɣazīr (m)	مطر غزير
heavy (e.g., ~ rain)	ʃedīd	شديد
puddle	berka (f)	بركة
to get wet (in rain)	ettbal	إتّبل
fog (mist)	ʃabbūra (f)	شبّورة
foggy	fih ʃabbūra	فيه شبّورة

snow	talg (m)	ثلج
it's snowing	fih talg	فيه ثلج

134. Severe weather. Natural disasters

thunderstorm	ʻāṣefa raʻdiya (f)	عاصفة رعدية
lightning (~ strike)	bar' (m)	برق
to flash (vi)	baraq	برق
thunder	raʻd (m)	رعد
to thunder (vi)	dawa	دوى
it's thundering	el samā' dawat raʻd (f)	السماء دوّت رعد
hail	maṭar bard (m)	مطر برد
it's hailing	maṭṭaret bard	مطّرت برد
to flood (vt)	ɣamar	غمر
flood, inundation	fayaḍān (m)	فيضان
earthquake	zelzāl (m)	زلزال
tremor, quake	hazza arḍiya (f)	هزّة أرضية
epicenter	markaz el zelzāl (m)	مركز الزلزال
eruption	sawarān (m)	ثوران
lava	ḥomam borkāniya (pl)	حمم بركانية
twister, tornado	eʻṣār (m)	إعصار
typhoon	tyfūn (m)	طوفان
hurricane	eʻṣār (m)	إعصار
storm	ʻāṣefa (f)	عاصفة
tsunami	tsunāmy (m)	تسونامي
cyclone	eʻṣār (m)	إعصار
bad weather	ṭa's saye' (m)	طقس سيئ
fire (accident)	ḥarī' (m)	حريق
disaster	karsa (f)	كارثة
meteorite	nayzek (m)	نيّزك
avalanche	enheyār talgy (m)	إنهيار ثلجي
snowslide	enheyār talgy (m)	إنهيار ثلجي
blizzard	ʻāṣefa talgiya (f)	عاصفة ثلجيّة
snowstorm	ʻāṣefa talgiya (f)	عاصفة ثلجيّة

Fauna

135. Mammals. Predators

predator	moftares (m)	مفترس
tiger	nemr (m)	نمر
lion	asad (m)	أسد
wolf	ze'b (m)	ذئب
fox	ta'lab (m)	ثعلب
jaguar	nemr amrīky (m)	نمر أمريكي
leopard	fahd (m)	فهد
cheetah	fahd ṣayād (m)	فهد صيّاد
black panther	nemr aswad (m)	نمر أسوّد
puma	asad el gebāl (m)	أسد الجبال
snow leopard	nemr el tolūg (m)	نمر الثلوج
lynx	waʃaq (m)	وشق
coyote	qayūṭ (m)	قيوط
jackal	ebn 'āwy (m)	ابن آوى
hyena	ḍeb' (m)	ضبع

136. Wild animals

animal	ḥayawān (m)	حيوان
beast (animal)	waḥʃ (m)	وحش
squirrel	sengāb (m)	سنجاب
hedgehog	qonfoz (m)	قنفذ
hare	arnab barry (m)	أرنب برّي
rabbit	arnab (m)	أرنب
badger	ɣarīr (m)	غرير
raccoon	rakūn (m)	راكون
hamster	hamster (m)	هامستر
marmot	marmoṭ (m)	مرموط
mole	χold (m)	خلد
mouse	fār (m)	فأر
rat	gerz (m)	جرذ
bat	χoffāʃ (m)	خفّاش
ermine	qāqem (m)	قاقم
sable	sammūr (m)	سمّور

marten	fara'īāt (m)	فرائيات
weasel	ebn 'ers (m)	ابن عرس
mink	mink (m)	منك
beaver	qondos (m)	قندس
otter	ta'lab maya (m)	ثعلب الميّة
horse	ḥoṣān (m)	حصان
moose	eyl el mūz (m)	أيّل الموظ
deer	ayl (m)	أيل
camel	gamal (m)	جمل
bison	bison (m)	بيسون
aurochs	byson orobby (m)	بيسون أوروبي
buffalo	gamūs (m)	جاموس
zebra	ḥomār waḥʃy (m)	حمار وحشي
antelope	ẓaby (m)	ظبي
roe deer	yaḥmūr orobby (m)	يحمورأوروبيّ
fallow deer	eyl asmar orobby (m)	أيّل أسمر أوروبي
chamois	ʃamwah (f)	شامواه
wild boar	χenzīr barry (m)	خنزير برّي
whale	ḥūt (m)	حوت
seal	foqma (f)	فقمة
walrus	el kab' (m)	الكبع
fur seal	foqmet el farā' (f)	فقمة الفراء
dolphin	dolfīn (m)	دولفين
bear	dobb (m)	دبّ
polar bear	dobb 'oṭṭby (m)	دبّ قطبي
panda	banda (m)	باندا
monkey	'erd (m)	قرد
chimpanzee	ʃimbanzy (m)	شيمبانزي
orangutan	orangutan (m)	أورنغوتان
gorilla	ɣorella (f)	غوريلا
macaque	'erd el makāk (m)	قرد المكاك
gibbon	gibbon (m)	جيبون
elephant	fīl (m)	فيل
rhinoceros	χartīt (m)	خرتيت
giraffe	zarāfa (f)	زرافة
hippopotamus	faras el nahr (m)	فرس النهر
kangaroo	kangarū (m)	كانجّارو
koala (bear)	el koala (m)	الكوالا
mongoose	nems (m)	نمس
chinchilla	ʃenʃīla (f)	شنشيلة
skunk	ẓerbān (m)	ظربان
porcupine	nīṣ (m)	نيص

137. Domestic animals

cat	ʾoṭṭa (f)	قطّة
tomcat	ʾoṭṭ (m)	قطّ
dog	kalb (m)	كلب
horse	ḥoṣān (m)	حصان
stallion (male horse)	χeyl faḥl (m)	خيل فحل
mare	faras (f)	فرس
cow	baʾara (f)	بقرة
bull	sore (m)	ثور
ox	sore (m)	ثور
sheep (ewe)	χarūf (f)	خروف
ram	kebʃ (m)	كبش
goat	meʿza (f)	معزة
billy goat, he-goat	māʿez zakar (m)	ماعز ذكر
donkey	ḥomār (m)	حمار
mule	baɣl (m)	بغل
pig, hog	χenzīr (m)	خنزير
piglet	χannūṣ (m)	خنّوص
rabbit	arnab (m)	أرنب
hen (chicken)	farχa (f)	فرخة
rooster	dīk (m)	ديك
duck	baṭṭa (f)	بطّة
drake	dakar el baṭṭ (m)	ذكر البط
goose	wezza (f)	وزّة
tom turkey, gobbler	dīk rūmy (m)	ديك رومي
turkey (hen)	dīk rūmy (m)	ديك رومي
domestic animals	ḥayawānāt dawāgen (pl)	حيوانات دواجن
tame (e.g., ~ hamster)	alīf	أليف
to tame (vt)	rawweḍ	روّض
to breed (vt)	rabba	ربّى
farm	mazraʿa (f)	مزرعة
poultry	dawāgen (pl)	دواجن
cattle	māʃeya (f)	ماشية
herd (cattle)	qaṭeeʿ (m)	قطيع
stable	esṭabl χeyl (m)	إسطبل خيل
pigpen	ḥazīret χanazīr (f)	حظيرة الخنازير
cowshed	zerību el baʾar (f)	زريبة البقر
rabbit hutch	qan el arāneb (m)	قن الأرانب
hen house	qan el ferāχ (m)	قن الفراخ

138. Birds

bird	ṭā'er (m)	طائر
pigeon	ḥamāma (f)	حمامة
sparrow	ʿaṣfūr dawri (m)	عصفور دوري
tit (great tit)	qarqaf (m)	قرقف
magpie	ʿaʾʿaʾ (m)	عقعق
raven	ɣorāb aswad (m)	غراب أسود
crow	ɣorāb (m)	غراب
jackdaw	zāɣ zarʿy (m)	زاغ زرعي
rook	ɣorāb el qeyẓ (m)	غراب القيظ
duck	baṭṭa (f)	بطّة
goose	wezza (f)	وزّة
pheasant	tadarrog (m)	تدرج
eagle	ʿeqāb (m)	عقاب
hawk	el bāz (m)	الباز
falcon	ṣa'r (m)	صقر
vulture	nesr (m)	نسر
condor (Andean ~)	kondor (m)	كندور
swan	el temm (m)	التمّ
crane	karkiya (m)	كركية
stork	loqloq (m)	لقلق
parrot	babaɣā' (m)	ببغاء
hummingbird	ṭannān (m)	طنّان
peacock	ṭawūs (m)	طاووس
ostrich	naʿāma (f)	نعامة
heron	belʃone (m)	بلشون
flamingo	flamingo (m)	فلامينجو
pelican	bagʿa (f)	بجعة
nightingale	ʿandalīb (m)	عندليب
swallow	el sonūnū (m)	السنونو
thrush	somnet el ḥoqūl (m)	سمنة الحقول
song thrush	somna moɣarreda (m)	سمنة مغرّدة
blackbird	ʃaḥrūr aswad (m)	شحرور أسود
swift	semmāma (m)	سمّامة
lark	qabra (f)	قبرة
quail	semmān (m)	سمّان
woodpecker	na'ār el χaʃab (m)	نقار الخشب
cuckoo	weqwāq (m)	وقواق
owl	būma (f)	بومة
eagle owl	būm orāsy (m)	بوم أوراسي

wood grouse	dīk el χalang (m)	ديك الخلنج
black grouse	ṭyhūg aswad (m)	طيهوج أسود
partridge	el ḥagal (m)	الحجل
starling	zerzūr (m)	زرزور
canary	kanāry (m)	كناري
hazel grouse	ṭyhūg el bondo' (m)	طيهوج البندق
chaffinch	ʃarʃūr (m)	شرشور
bullfinch	deɣnāʃ (m)	دغناش
seagull	nawras (m)	نورس
albatross	el qoṭros (m)	القطرس
penguin	beṭrīq (m)	بطريق

139. Fish. Marine animals

bream	abramīs (m)	أبراميس
carp	ʃabbūṭ (m)	شبّوط
perch	farχ (m)	فرخ
catfish	'armūṭ (m)	قرموط
pike	karāky (m)	كراكي
salmon	salamon (m)	سلمون
sturgeon	ḥafʃ (m)	حفش
herring	renga (f)	رنجة
Atlantic salmon	salamon aṭlasy (m)	سلمون أطلسي
mackerel	makerel (m)	ماكريل
flatfish	samak mefalṭah (f)	سمك مفلطح
zander, pike perch	samak sandar (m)	سمك سندر
cod	el qadd (m)	القد
tuna	tuna (f)	تونة
trout	salamon mera''aṭ (m)	سلمون مرقّط
eel	ḥankalīs (m)	حنكليس
electric ray	ra'ād (m)	رعاد
moray eel	moraya (f)	مورايية
piranha	bīrana (f)	بيرانا
shark	'erʃ (m)	قرش
dolphin	dolfīn (m)	دولفين
whale	ḥūt (m)	حوت
crab	kaboria (m)	كابوريا
jellyfish	'andīl el baḥr (m)	قنديل البحر
octopus	aχṭabūṭ (m)	أخطبوط
starfish	negmet el baḥr (f)	نجمة البحر
sea urchin	qonfoz el baḥr (m)	قنفذ البحر

seahorse	ḥoṣān el baḥr (m)	حصان البحر
oyster	maḥār (m)	محار
shrimp	gammbary (m)	جمبري
lobster	estakoza (f)	استكوزا
spiny lobster	estakoza (m)	استاكوزا

140. Amphibians. Reptiles

snake	te'bān (m)	ثعبان
venomous (snake)	sām	سام
viper	af'a (f)	أفعى
cobra	kobra (m)	كوبرا
python	te'bān byton (m)	ثعبان بايثون
boa	bawā' el 'aṣera (f)	بواء العاصرة
grass snake	te'bān el 'oʃb (m)	ثعبان العشب
rattle snake	af'a megalgela (f)	أفعى مجلجلة
anaconda	anakonda (f)	أناكوندا
lizard	seḥliya (f)	سحليّة
iguana	eɣwana (f)	إغوانة
monitor lizard	warl (m)	ورل
salamander	salamander (m)	سلمندر
chameleon	ḥerbāya (f)	حرباية
scorpion	'a'rab (m)	عقرب
turtle	solḥefah (f)	سلحفاة
frog	ḍeffḍa' (m)	ضفدع
toad	ḍeffḍa' el ṭeyn (m)	ضفدع الطين
crocodile	temsāḥ (m)	تمساح

141. Insects

insect, bug	ḥaʃara (f)	حشرة
butterfly	farāʃa (f)	فراشة
ant	namla (f)	نملة
fly	debbāna (f)	دبّانة
mosquito	namūsa (f)	ناموسة
beetle	χonfesa (f)	خنفسة
wasp	dabbūr (m)	دبّور
bee	naḥla (f)	نحلة
bumblebee	naḥla ṭannāna (f)	نحلة طنّانة
gadfly (botfly)	na'ra (f)	نعرة
spider	'ankabūt (m)	عنكبوت
spiderweb	nasīg 'ankabūt (m)	نسيج عنكبوت

dragonfly	ya'sūb (m)	يعسوب
grasshopper	garād (m)	جراد
moth (night butterfly)	'etta (f)	عثّة
cockroach	ṣarṣūr (m)	صرصور
tick	qarāda (f)	قرادة
flea	barɣūt (m)	برغوث
midge	ba'ūḍa (f)	بعوضة
locust	garād (m)	جراد
snail	ḥalazōn (m)	حلزون
cricket	ṣarṣūr el ḥaql (m)	صرصور الحقل
lightning bug	yarā'a (f)	يراعة
ladybug	χonfesa mena'ṭṭa (f)	خنفسة منقّطة
cockchafer	χonfesa motlefa lel nabāt (f)	خنفسة متّلفة للنبات
leech	'alaqa (f)	علقة
caterpillar	yasrū' (m)	يسروع
earthworm	dūda (f)	دودة
larva	yaraqa (f)	يرقة

Flora

142. Trees

tree	ʃagara (f)	شجرة
deciduous (adj)	nafḍiya	نفضيّة
coniferous (adj)	ṣonoberiya	صنوبرية
evergreen (adj)	dā'emet el χoḍra	دائمة الخضرة
apple tree	ʃagaret toffāḥ (f)	شجرة تفّاح
pear tree	ʃagaret komettra (f)	شجرة كمثّرى
cherry tree	ʃagaret karaz (f)	شجرة كرز
plum tree	ʃagaret bar'ū' (f)	شجرة برقوق
birch	batola (f)	بتولا
oak	ballūṭ (f)	بلّوط
linden tree	zayzafūn (f)	زيزفون
aspen	ḥūr rāgef	حور راجف
maple	qayqab (f)	قيقب
spruce	rateng (f)	راتينج
pine	ṣonober (f)	صنوبر
larch	arziya (f)	أرزية
fir tree	tanūb (f)	تنوب
cedar	el orz (f)	الأرز
poplar	ḥūr (f)	حور
rowan	ɣobayrā' (f)	غبيراء
willow	ṣefsāf (f)	صفصاف
alder	gār el mā' (m)	جار الماء
beech	el zān (f)	الزان
elm	derdar (f)	دردار
ash (tree)	marān (f)	مران
chestnut	kastanā' (f)	كستناء
magnolia	maɣnolia (f)	ماغنوليا
palm tree	naχla (f)	نخلة
cypress	el soro (f)	السرو
mangrove	mangrūf (f)	مانجروف
baobab	baobab (f)	باوباب
eucalyptus	eukalyptus (f)	أوكالبتوس
sequoia	sequoia (f)	سيكويا

143. Shrubs

bush	ʃogeyra (f)	شجيرة
shrub	ʃogayrāt (pl)	شجيرات
grapevine	karma (f)	كرمة
vineyard	karam (m)	كرم
raspberry bush	zarʿet tūt el ʿalīʾ el aḥmar (f)	زرعة توت العليق الأحمر
redcurrant bush	keʃmeʃ aḥmar (m)	كشمش أحمر
gooseberry bush	ʿenab el saʿlab (m)	عنب الثعلب
acacia	aqaqia (f)	أقاقيا
barberry	berbarīs (m)	برباريس
jasmine	yasmīn (m)	ياسمين
juniper	ʿarʿar (m)	عرعر
rosebush	ʃogeyret ward (f)	شجيرة ورد
dog rose	ward el seyāg (pl)	ورد السياج

144. Fruits. Berries

fruit	tamra (f)	تمرة
fruits	tamr (m)	تمر
apple	toffāḥa (f)	تفّاحة
pear	komettra (f)	كمّثرى
plum	barʾūʾ (m)	برقوق
strawberry (garden ~)	farawla (f)	فراولة
cherry	karaz (m)	كرز
grape	ʿenab (m)	عنب
raspberry	tūt el ʿalīʾ el aḥmar (m)	توت العليق الأحمر
blackcurrant	keʃmeʃ aswad (m)	كشمش أسود
redcurrant	keʃmeʃ aḥmar (m)	كشمش أحمر
gooseberry	ʿenab el saʿlab (m)	عنب الثعلب
cranberry	ʿenabiya ḥāda el χebāʾ (m)	عنبية حادة الخباء
orange	bortoqāl (m)	برتقال
mandarin	yosfy (m)	يوسفي
pineapple	ananās (m)	أناناس
banana	moze (m)	موز
date	tamr (m)	تمر
lemon	lymūn (m)	ليمون
apricot	meʃmeʃ (f)	مشمش
peach	χawχa (f)	خوخة
kiwi	kiwi (m)	كيوي
grapefruit	grabe frūt (m)	جريب فروت

berry	tūt (m)	توت
berries	tūt (pl)	توت
cowberry	ʻenab el sore (m)	عنب الثور
wild strawberry	farawla barriya (f)	فراولة بريّة
bilberry	ʻenab al aḥrāg (m)	عنب الأحراج

145. Flowers. Plants

flower	zahra (f)	زهرة
bouquet (of flowers)	bokeyh (f)	بوكيه
rose (flower)	warda (f)	وردة
tulip	tolīb (f)	توليب
carnation	ʼoronfol (m)	قرنفل
gladiolus	el dalbūs (f)	الدَلَبُوثُ
cornflower	qanṭeryūn ʻanbary (m)	قنطريون عنبري
harebell	garīs mostadīr el awrāʼ (m)	جريس مستدير الأوراق
dandelion	handabāʼ (f)	هندباء
camomile	kamomile (f)	كاموميل
aloe	el alowa (m)	الألوّة
cactus	ṣabbār (m)	صبّار
rubber plant, ficus	faykas (m)	فيكس
lily	zanbaq (f)	زنبق
geranium	ɣarnūqy (f)	غرنوقي
hyacinth	el lavender (f)	اللافندر
mimosa	mimoza (f)	ميموزا
narcissus	nerges (f)	نرجس
nasturtium	abo χangar (f)	أبو خنجر
orchid	orkid (f)	أوركيد
peony	fawnia (f)	فاوانيا
violet	el banafseg (f)	البنفسج
pansy	bansy (f)	بانسي
forget-me-not	ʼāzān el faʼr (pl)	آذان الفأر
daisy	aqwaḥān (f)	أقحوان
poppy	el χoʃχāʃ (f)	الخشخاش
hemp	qanb (m)	قنب
mint	neʻnāʻ (m)	نعناع
lily of the valley	zanbaq el wādy (f)	زنبق الوادي
snowdrop	zahrat el laban (f)	زهرة اللبن
nettle	ʼarrāṣ (m)	قرّاص
sorrel	ḥammāḍ bostāny (m)	حمّاض بستاني

water lily	niloferiya (f)	نيلوفرية
fern	sarχas (m)	سرخس
lichen	aʃna (f)	أشنة
greenhouse (tropical ~)	ṣoba (f)	صوبة
lawn	ʿoʃb aχḍar (m)	عشب أخضر
flowerbed	geneynet zohūr (f)	جنينة زهور
plant	nabāt (m)	نبات
grass	ʿoʃb (m)	عشب
blade of grass	ʿoʃba (f)	عشبة
leaf	wara'a (f)	ورقة
petal	wara'et el zahra (f)	ورقة الزهرة
stem	sāq (f)	ساق
tuber	darna (f)	درنة
young plant (shoot)	nabta saɣīra (f)	نبتة صغيرة
thorn	ʃawka (f)	شوكة
to blossom (vi)	fattaḥet	فتّحت
to fade, to wither	debel	ذبل
smell (odor)	rīḥa (f)	ريحة
to cut (flowers)	'aṭaʿ	قطع
to pick (a flower)	'aṭaf	قطف

146. Cereals, grains

grain	ḥobūb (pl)	حبوب
cereal crops	maḥaṣīl el ḥubūb (pl)	محاصيل الحبوب
ear (of barley, etc.)	sonbola (f)	سنبلة
wheat	'amḥ (m)	قمح
rye	ʃelm mazrūʿ (m)	شيلم مزروع
oats	ʃofān (m)	شوفان
millet	el deχn (m)	الدُخن
barley	ʃeʿīr (m)	شعير
corn	dora (f)	ذرة
rice	rozz (m)	رزّ
buckwheat	ḥanṭa soda' (f)	حنطة سوداء
pea plant	besella (f)	بسلّة
kidney bean	faṣolya (f)	فاصوليا
soy	fūl el ṣoya (m)	فول الصويا
lentil	ʿads (m)	عدس
beans (pulse crops)	fūl (m)	فول

COUNTRIES. NATIONALITIES

147. Western Europe

Europe	orobba (f)	أوروبّا
European Union	el etteḥād el orobby (m)	الإتّحاد الأوروبّي
Austria	el nemsa (f)	النمسا
Great Britain	briṭaniya el 'ozma (f)	بريطانيا العظمى
England	engeltera (f)	إنجلّترا
Belgium	balʒīka (f)	بلجيكا
Germany	almānya (f)	ألمانيا
Netherlands	holanda (f)	هولندا
Holland	holanda (f)	هولندا
Greece	el yunān (f)	اليونان
Denmark	el denmark (f)	الدنمارك
Ireland	irelanda (f)	أيرلندا
Iceland	'āyslanda (f)	آيسلندا
Spain	asbānya (f)	إسبانيا
Italy	eṭālia (f)	إيطاليا
Cyprus	'obroṣ (f)	قبرص
Malta	malṭa (f)	مالطا
Norway	el nerwīg (f)	النرويج
Portugal	el bortoɣāl (f)	البرتغال
Finland	finlanda (f)	فنّلندا
France	faransa (f)	فرنسا
Sweden	el sweyd (f)	السويد
Switzerland	swesra (f)	سويسرا
Scotland	oskotlanda (f)	اسكتّلندا
Vatican	el vatikān (m)	الفاتيكان
Liechtenstein	liʃtenʃtayn (m)	ليشتنشتاين
Luxembourg	luksemburg (f)	لوكسمبورج
Monaco	monako (f)	موناكو

148. Central and Eastern Europe

Albania	albānia (f)	ألبانيا
Bulgaria	bolɣāria (f)	بلغاريا
Hungary	el magar (f)	المجر

Latvia	latvia (f)	لاتفيا
Lithuania	litwānia (f)	ليتوانيا
Poland	bolanda (f)	بولندا
Romania	romānia (f)	رومانيا
Serbia	ṣerbia (f)	صربيا
Slovakia	slovākia (f)	سلوفاكيا
Croatia	kroātya (f)	كرواتيا
Czech Republic	gomhoriya el tʃīk (f)	جمهورية التشيك
Estonia	estūnia (f)	إستونيا
Bosnia and Herzegovina	el bosna wel harsek (f)	البوسنة والهرسك
Macedonia (Republic of ~)	maqdūnia (f)	مقدونيا
Slovenia	slovenia (f)	سلوفينيا
Montenegro	el gabal el aswad (m)	الجبل الأسوّد

149. Former USSR countries

Azerbaijan	azrabiʒān (m)	أذربيجان
Armenia	armīnia (f)	أرمينيا
Belarus	belarūsia (f)	بيلاروسيا
Georgia	ʒorʒia (f)	جورجيا
Kazakhstan	kazaχistān (f)	كازاخستّان
Kirghizia	qirɣizestān (f)	قيرغيزستان
Moldova, Moldavia	moldāvia (f)	مولدافيا
Russia	rūsya (f)	روسيا
Ukraine	okrānia (f)	أوكرانيا
Tajikistan	ṭaʒīkistan (f)	طاجيكستان
Turkmenistan	turkmānistān (f)	تركمانستان
Uzbekistan	uzbakistān (f)	أوزبكستان

150. Asia

Asia	asya (f)	آسيا
Vietnam	vietnām (f)	فيتنام
India	el hend (f)	الهند
Israel	isra'īl (f)	إسرائيل
China	el ṣīn (f)	الصين
Lebanon	lebnān (f)	لبنان
Mongolia	manɣūlia (f)	منغوليا
Malaysia	malīzya (f)	ماليزيا
Pakistan	bakistān (f)	باكستان

Saudi Arabia	el soʿodiya (f)	السعوديّة
Thailand	tayland (f)	تايلاند
Taiwan	taywān (f)	تايوان
Turkey	turkia (f)	تركيا
Japan	el yabān (f)	اليابان
Afghanistan	afɣanistan (f)	أفغانستان
Bangladesh	bangladeʃ (f)	بنجلاديش
Indonesia	indonisya (f)	إندونيسيا
Jordan	el ordon (m)	الأردن
Iraq	el ʿerāq (m)	العراق
Iran	iran (f)	إيران
Cambodia	kambodya (f)	كمبوديا
Kuwait	el kuweyt (f)	الكويت
Laos	laos (f)	لاوس
Myanmar	myanmar (f)	ميانمار
Nepal	nebāl (f)	نيبال
United Arab Emirates	el emārāt el ʿarabiya el mottaḥeda (pl)	الإمارات العربية المتّحدة
Syria	soria (f)	سوريا
Palestine	felesṭīn (f)	فلسطين
South Korea	korea el ganūbiya (f)	كوريا الجنوبيّة
North Korea	korea el ʃamāliya (f)	كوريا الشماليّة

151. North America

United States of America	el welayāt el mottaḥda el amrīkiya (pl)	الولايات المتّحدة الأمريكيّة
Canada	kanada (f)	كندا
Mexico	el maksīk (f)	المكسيك

152. Central and South America

Argentina	arʒantīn (f)	الأرجنتين
Brazil	el barazīl (f)	البرازيل
Colombia	kolombia (f)	كولومبيا
Cuba	kūba (f)	كوبا
Chile	tʃīly (f)	تشيلي
Bolivia	bolivia (f)	بوليفيا
Venezuela	venzweyla (f)	فنزويلا
Paraguay	baraguay (f)	باراجواي
Peru	beru (f)	بيرو
Suriname	surinam (f)	سورينام
Uruguay	uruguay (f)	أوروجواي

Ecuador	el equador (f)	الإكوادور
The Bahamas	gozor el bahāmas (pl)	جزر البهاماس
Haiti	haīti (f)	هايتي
Dominican Republic	gomhoriya el dominikan (f)	جمهوريّة الدومينيكان
Panama	banama (f)	بنما
Jamaica	ʒamayka (f)	جامايكا

153. Africa

Egypt	maṣr (f)	مصر
Morocco	el maɣreb (m)	المغرب
Tunisia	tunis (f)	تونس
Ghana	ɣana (f)	غانا
Zanzibar	zanʒibār (f)	زنجبار
Kenya	kenya (f)	كينيا
Libya	libya (f)	ليبيا
Madagascar	madaɣaʃkar (f)	مدغشقر
Namibia	namibia (f)	ناميبيا
Senegal	el senɣāl (f)	السنغال
Tanzania	tanznia (f)	تنزانيا
South Africa	afreqia el ganūbiya (f)	أفريقيا الجنوبيّة

154. Australia. Oceania

Australia	ostorālya (f)	أستراليا
New Zealand	nyu zelanda (f)	نيوزيلّندا
Tasmania	tasmania (f)	تاسمانيا
French Polynesia	bolenezia el faransiya (f)	بولينزيا الفرنسيّة

155. Cities

Amsterdam	amesterdam (f)	امستردام
Ankara	ankara (f)	أنقرة
Athens	atīna (f)	أثينا
Baghdad	baɣdād (f)	بغداد
Bangkok	bangkok (f)	بانكوك
Barcelona	barʃelona (f)	برشلونة
Beijing	bekīn (f)	بيكين
Beirut	beyrut (f)	بيروت
Berlin	berlin (f)	برلين
Bonn	bonn (f)	بون

Bordeaux	bordu (f)	بوردو
Bratislava	bratislava (f)	براتيسلافا
Brussels	broksel (f)	بروكسل
Bucharest	buχarest (f)	بوخارست
Budapest	budabest (f)	بودابست
Cairo	el qahera (f)	القاهرة
Chicago	ʃikāgo (f)	شيكاجو
Copenhagen	kobenhāgen (f)	كوبنهاجن
Dar-es-Salaam	dar el salām (f)	دار السلام
Delhi	delhi (f)	دلهي
Dubai	dubaī (f)	دبي
Dublin	dablin (f)	دبلن
Düsseldorf	dusseldorf (f)	دوسلدورف
Florence	florensa (f)	فلورنسا
Frankfurt	frankfurt (f)	فرانكفورت
Geneva	ʒenive (f)	جنيف
Hamburg	hamburg (m)	هامبورج
Hanoi	hanoy (f)	هانوى
Havana	havana (f)	هافانا
Helsinki	helsinki (f)	هلسنكي
Hiroshima	hiroʃīma (f)	هيروشيما
Hong Kong	hong kong (f)	هونج كونج
Istanbul	isṭanbul (f)	إسطنبول
Jerusalem	el qods (f)	القدس
Kolkata (Calcutta)	kalkutta (f)	كلكتا
Kuala Lumpur	kuala lumpur (f)	كوالالمبور
Kyiv	kyiv (f)	كييف
Lisbon	laʃbūna (f)	لشبونة
London	london (f)	لندن
Los Angeles	los anʒeles (f)	لوس أنجلوس
Lyons	lyon (f)	ليون
Madrid	madrīd (f)	مدريد
Marseille	marsilia (f)	مرسيليا
Mexico City	madīnet meksiko (f)	مدينة مكسيكو
Miami	mayami (f)	ميامي
Montreal	montreal (f)	مونتريال
Moscow	moskū (f)	موسكو
Mumbai (Bombay)	bombay (f)	بومباى
Munich	muniχ (f)	ميونخ
Nairobi	nayrobi (f)	نيروبي
Naples	naboli (f)	نابولي
New York	nyu york (f)	نيويورك
Nice	nīs (f)	نيس
Oslo	oslo (f)	أوسلو

Ottawa	ottawa (f)	أوتاوا
Paris	baris (f)	باريس
Prague	braɣ (f)	براغ
Rio de Janeiro	rio de ʒaneyro (f)	ريو دي جانيرو
Rome	roma (f)	روما
Saint Petersburg	sant betersburɣ (f)	سانت بطرسبرغ
Seoul	seūl (f)	سيول
Shanghai	ʃanghay (f)	شنجهاي
Singapore	sinɣafūra (f)	سنغافورة
Stockholm	stokχolm (f)	ستوكهولم
Sydney	sydney (f)	سيدني
Taipei	taybey (f)	تايبيه
The Hague	lahāy (f)	لاهاى
Tokyo	ṭokyo (f)	طوكيو
Toronto	toronto (f)	تورونتو
Venice	venesya (f)	فينيسيا
Vienna	vienna (f)	فيينا
Warsaw	warsaw (f)	وارسو
Washington	waʃinṭon (f)	واشنطن

www.ingramcontent.com/pod-product-compliance
Lightning Source LLC
Chambersburg PA
CBHW070550050426
42450CB00011B/2801
* 9 7 8 1 7 8 7 1 6 7 0 3 2 *